MORADIA E PROPRIEDADE
UM BREVE ENSAIO SOBRE CONFLITOS HUMANOS

LUIS MANUEL FONSECA PIRES

Epílogo
Jaime Ginzburg

MORADIA E PROPRIEDADE
UM BREVE ENSAIO SOBRE CONFLITOS HUMANOS

Belo Horizonte

2015

© 2015 Editora Fórum Ltda.

É proibida a reprodução total ou parcial desta obra, por qualquer meio eletrônico, inclusive por processos xerográficos, sem autorização expressa do Editor.

Conselho Editorial

Adilson Abreu Dallari
Alécia Paolucci Nogueira Bicalho
Alexandre Coutinho Pagliarini
André Ramos Tavares
Carlos Ayres Britto
Carlos Mário da Silva Velloso
Cármen Lúcia Antunes Rocha
Cesar Augusto Guimarães Pereira
Clovis Beznos
Cristiana Fortini
Dinorá Adelaide Musetti Grotti
Diogo de Figueiredo Moreira Neto
Egon Bockmann Moreira
Emerson Gabardo
Fabrício Motta
Fernando Rossi

Flávio Henrique Unes Pereira
Floriano de Azevedo Marques Neto
Gustavo Justino de Oliveira
Inês Virgínia Prado Soares
Jorge Ulisses Jacoby Fernandes
Juarez Freitas
Luciano Ferraz
Lúcio Delfino
Marcia Carla Pereira Ribeiro
Márcio Cammarosano
Marcos Ehrhardt Jr.
Maria Sylvia Zanella Di Pietro
Ney José de Freitas
Oswaldo Othon de Pontes Saraiva Filho
Paulo Modesto
Romeu Felipe Bacellar Filho
Sérgio Guerra

Luís Cláudio Rodrigues Ferreira
Presidente e Editor

Supervisão editorial: Leonardo Eustáquio Siqueira Araújo

Av. Afonso Pena, 2770 – 16º andar – Funcionários – CEP 30130-007
Belo Horizonte – Minas Gerais – Tel.: (31) 2121.4900 / 2121.4949
www.editoraforum.com.br – editoraforum@editoraforum.com.br

P661m   Pires, Luis Manuel Fonseca.
          Moradia e propriedade: um breve ensaio sobre conflitos humanos. / Luis Manuel Fonseca Pires – 1 ed. – Belo Horizonte: Fórum, 2015.

          78p.
          ISBN 978-85-450-0079-2

          1. Filosofia. 2. Direito Urbanístico. 3. Direito Administrativo.
          I. Título. II. Pires, Luis Manuel Fonseca.
                                                              CDD: 340.1
                                                              CDU: 340.12

Informação bibliográfica deste livro, conforme a NBR 6023:2002 da Associação Brasileira de Normas Técnicas (ABNT):
PIRES, Luis Manuel Fonseca. *Moradia e propriedade:* um breve ensaio sobre conflitos humanos. 1. ed. Belo Horizonte: Fórum, 2015. 78p.

Para a Aline, meu amor.
Para o Emanuel, nossa luz,
amor de Deus conosco.

SUMÁRIO

CAPÍTULO 1
UM CAMINHO 9

CAPÍTULO 2
AO ABRIGO DE *LARES* 15

CAPÍTULO 3
A FORMAÇÃO DE UM MITO 21

CAPÍTULO 4
LUGAR NENHUM 27

CAPÍTULO 5
SOBERANA RAZÃO HUMANA 35

CAPÍTULO 6
NOSTALGIA 47

CAPÍTULO 7
PROVOCAÇÕES 59

REFERÊNCIAS 71

EPÍLOGO
Jaime Ginzburg 75

CAPÍTULO 1

UM CAMINHO

Recordo-me de uma entrevista de José Saramago que assisti na televisão, alguns anos após ele ter recebido o prêmio Nobel de Literatura, na qual o seu interlocutor, quando avançado o diálogo, perguntou-lhe por que ele escrevia. A lúcida resposta do escritor português veio de pronto: *"Escrevo para entender"*.

Uma das funções da escrita: o ato de escrever se revela um caminho à compreensão de si próprio e do mundo que nos cerca. Escreve-se, pois, por meio da escrita parece que ideias tão fugidias de nossa percepção (in)consciente encetam um alinhamento, organizam-se, vêm à lume (quando inconscientes); esclarece-se o que nos incomodava e precisávamos, senão a ilusão do domínio completo e acabado do conhecimento, ao menos algo *mais* a entender – conscientizar-nos – sobre o que reputamos relevante às nossas vidas.

Por isso me proponho a escrever sobre moradia e propriedade. Refiro-me, esclareço logo, à tensão de a terra servir ou à morada do ser humano ou em favor da formação de um patrimônio à disposição da especulação econômica, refiro-me aos conflitos inerentes – históricos – entre moradia e propriedade imóvel, conflitos que marcam tempos e culturas os mais diversos, conflitos reticentes, autofágicos, permanentes, resistentes a aprender com os erros do passado, relutantes, no presente, à superação de práticas que parecem insistir num eterno retorno a impedir um porvir sob outras perspectivas.

Por tantos caminhos enveredados, o ser humano ora enalteceu a moradia, ora entronizou a propriedade – sem dúvida, o viés predominante. Sigo uma senda expositiva em busca de compreender o singrar de tantos conflitos sociais, tão diversas escolhas jurídicas. Em meu caminho, algum entre um sem número de percursos possíveis, pretendo destacar momentos, escolhas feitas pela sociedade e pelo Estado – ou sociedade no Estado numa leitura gramsciana –, alguns aparentes acertos superados e deixados para trás, equívocos que se enraízam, ou se reproduzem sob novos rótulos, outra aparência, um cipoal de vivências, tantas olvidadas e outras constantemente reavivadas, que tornam a moradia e a propriedade tão jungidas quanto conflitantes, uma entropia social que às custas da humanidade constantemente ameaça o colapso da vida numa sociedade política.

Esclarecido o objeto deste texto, quero algumas linhas mais tratar sobre a forma que o abordarei, e neste particular ocupo-me um pouco de enfatizar a importância de um recurso metodológico tão caro, quanto normalmente rejeitado no meio jurídico, a reflexão transdisciplinar.

No que diz respeito à forma de abordagem que adoto, procuro um tanto – mas não exatamente – seguir a metodologia que acolhi em outro livro, *O Estado Social e Democrático e o Serviço Público. Um breve ensaio sobre liberdade, igualdade e fraternidade*, em 2ª edição, publicado pela editora Fórum. Um ensaio. Texto em prosa no qual sigo uma trilha – entre muitas – na qual almejo compartilhar com o leitor as elaborações de ideias e a lembrança de alguns fatos relevantes sobre moradia e propriedade no curso da história da humanidade.

Opto por uma linearidade temporal. De tempos imemoriais aos enfrentamentos contemporâneos. E como o subtítulo deste ensaio adianta, escolho uma análise transdisciplinar. Não me atenho a um recorte estritamente jurídico. A forma que encampo – um ensaio livre de aproximação dos conflitos sociais e jurídicos – impõe-me a necessidade de debruçar-me sobre a história e sobre outros modos de pensar – caminhos que se cruzam, imbricam-se, informam-se; simplesmente, necessários. Por isso, os capítulos que se seguem não guardam, *a priori*, qualquer comprometimento estrutural com o equilíbrio do discurso entre elementos jurídicos e de outras áreas do conhecimento; o quanto me dedico mais a uma perspectiva – filosófica, antropológica, jurídica e outras – em relação às demais, se justifica exclusivamente pela necessidade que senti ao procurar entender o momento específico de análise.

Por essa razão, recorro ao conhecimento transdisciplinar. Pois, como diz Edgar Morin, todo conhecimento atua por seleção de dados significativos e a rejeição dos que se reputa que não o são. Por disjunções, reduções e abstrações vive-se sob o "paradigma de simplificação". Uma "inteligência cega", nas palavras deste pensador, que "(...) *destrói os conjuntos e as totalidades, isola todos os seus objetos do seu meio ambiente*".[1] Então, a necessidade – prossegue ele – de um "pensamento complexo":

---

[1] MORIN. *Introdução ao pensamento complexo*, p. 12.

O que é a complexidade? A um primeiro olhar, a complexidade é um tecido (*complexus*: o que é tecido junto) de constituintes heterogêneos inseparavelmente associados: ela coloca o paradoxo do uno e do múltiplo. Num segundo momento, a complexidade é efetivamente o tecido de acontecimentos, ações, interações, retroações, determinações, acasos que constituem nosso mundo fenomênico. Mas, então, a complexidade se apresenta com os traços inquietantes do emaranhado, do inextricável, da desordem, da ambiguidade, da incerteza... Por isso, o conhecimento necessita ordenar os fenômenos rechaçando a desordem, afastar o incerto, isto é, selecionar os elementos da ordem e da certeza, precisar, clarificar, distinguir, hierarquizar... Mas, tais operações, necessárias à inteligibilidade, correm o risco de provocar a cegueira, se elas eliminam os outros aspectos do complexus; e, efetivamente, como eu o indiquei, elas nos deixam cegos.[2]

Incertezas e indeterminações, o pensamento complexo propõe-se a superar o paradigma simplificador – *"(...) um paradigma que põe ordem no universo, expulsa dele a desordem. A ordem se reduz a uma lei, a um princípio. A simplicidade vê o uno, ou o múltiplo, mas não consegue ver que o uno pode ser ao mesmo tempo múltiplo"*[3] –, o pensamento complexo idealiza a completude.

A proposta deste ensaio, particularmente a metodologia que enfatizo, depende deste modo de pensar. Um pensamento complexo. Precisa, então, ser transdisciplinar, porque exige macroconceitos de moradia e de propriedade. Pressuponho para este trabalho que

> (...) os conceitos não se definem jamais por suas fronteiras, mas a partir de seu núcleo. (...) Tomemos o amor e a amizade. Pode-se reconhecer claramente em seu núcleo o amor e a amizade, mas há também a amizade amorosa, amores amigáveis. Há, pois, intermediários, mistos entre o amor e a amizade; não há uma fronteira clara. Não se deve jamais procurar definir por fronteiras as coisas importantes. As fronteiras são sempre fluidas, são sempre interferentes. Deve-se, pois, buscar definir o centro, e esta definição pede em geral macroconceitos.[4]

Se me disponho a escrever para entender a simbiótica relação entre moradia e propriedade, entrelaçamentos não poucas vezes opressores e sufocantes desta sobre aquela, se desejo perceber o cipoal no qual se embrenham estes signos e definem opções políticas de Estado – desde as definições de institutos jurídicos junto ao Código Civil, até o planejamento de políticas públicas sob um regime jurídico de Direito Público –, então, para o percurso que elejo, pressuponho deixar ao largo o olhar

---

[2] *Op. cit.*, p. 13-14.
[3] *Op. cit.*, p. 59.
[4] *Op. cit.*, p. 72-73.

restrito às fronteiras dos conceitos de moradia e propriedade. Busco os macroconceitos.

Procuro a *alma* do Direito para a qual é impositiva a transdisciplinariedade. É o que o psicólogo Gilberto Rodrigues evidencia ao tratar do conflito entre o *conhecimento*, recurso ao verdadeiro saber, distante do poder, e a *informação*. Para ele, o *paradigma do conhecimento* é o caminho à formação dos profissionais do Direito enquanto "agentes da paz". Na crítica que formula ao ensino jurídico, o autor é enfático quanto a não ser mais suficiente a manutenção da rebarbativa taxonomia dos métodos de ensino, atualizados por recursos tecnológicos e com aparente progressividade, mas, que em grande medida, apenas aprofundam a distância do *conhecer-se*, do *ser*, em prestígio do *ter*.[5] A alma do Direito. Um oximoro a ser superado. Um convite à sublimação dos nossos preconceitos.

Será o guia deste caminho, a transdisciplinariedade. O que não é o único, nem se arvora a ser o melhor ao estudo da moradia e da propriedade. Apenas uma senda. Sem pretensão de domínio da verdade. Somente um recurso – um a mais – na busca, tão incessante, quanto encantadora, do conhecimento, o que valem as reflexões do psicanalista e filósofo alemão Erich Fromm: *"Conhecer não significa estar de posse da verdade; significa penetrar além da superfície e lutar, crítica e ativamente, a fim de se aproximar cada vez mais da verdade"*.[6]

Para penetrar a superfície, não me furtarei a valer de narrativas em geral, da literatura em particular, que muito me auxiliaram a desbastar os primeiros passos de cada trecho – cada época, um capítulo – deste caminho. Contos, novelas e trechos de romances, narrativas outras, são recursos que servem à dramatização de conflitos humanos não raramente desumanizados pelas ciências e outras formas de saberes cultos que, ao tomarem para si recortes da realidade, os depuram, higienizam-nos, mantém-nos imaculados de uma essência que compõe todo macroconceito objeto da racionalidade, a sua humanidade.

Neste caminho, muitas vezes foram essas narrativas culturais que me auxiliaram a *entender* (e escrevo para isso) e a *conhecer* (prosseguir além das superfícies, normalmente impostas pelo purismo de cada ciência que pretende deter em si, particularmente, a visão do todo) um pouco mais sobre os conflitos entre a moradia e a propriedade imóvel. Pareceu-me, portanto, igualmente necessário compartilhar com o leitor, estas luzes que, em algumas ocasiões, impulsionaram-me na caminhada.

Se me ocupo desta comunicação entrelaçada não apenas com outras ciências, mas ainda com a produção estética, há igualmente a mesma

---

[5] RODRIGUES. *Da alma do direito ou a psicologia do direito*, passim.
[6] FROMM. *Ter ou ser?*, p. 56.

preocupação na pesquisa de muitos dos seus produtores e pensadores. Menciono o crítico literário Jaime Ginzburg. Ao analisar a produção de cursos de crítica literária no Brasil, durante o regime militar implantado pelo golpe de 1964, ele destaca que, em Afrânio Coutinho (*Notas de Teoria Literária*) e Hênio Tavares (*Teoria Literária*), há um distanciamento dos conflitos sociais "(...) *como se no universo da investigação literária estivéssemos em um mundo sem conflitos, em que pobreza, guerrilhas e torturas não fazem parte*".[7] Pontua Jaime Ginzburg quanto ao manual de Hênio Tavares que a sua estratégia "(...) é *diluir os conflitos humanos a ponto de eles se tornarem irreconhecíveis, em sua generalidade e abstração*".[8]

São os inevitáveis riscos da racionalidade humana: as excessivas generalidade e abstração, produtos de qualquer saber que se pretende intocável, alheio ao contato com o entorno. Pois, pouca valia o conhecimento passa a expressar se ojeriza o diálogo, recusa-se a ouvir, às vezes a retificar-se, porque renuncia ao componente humano que legitima a sua existência e os aparatos metodológicos desenvolvidos.

Valho-me, por estas considerações, de alguns recursos estéticos, algumas narrativas que contam com um particular potencial de dramatizar a ciência – uma necessidade premente. Pois, a capacidade de acesso ao âmago de um macroconceito, a despeito da devoção envidada por seus cientistas, vez por outra não se perfaz com a mesma intensidade e simplicidade expostas num breve conto.

Enfim, esclarecido o meu propósito, à busca.

---

[7] COUTINHO; TAVARES. *Idealismo e consciência política em Teoria da Literatura*. In: GINZBURG. *Crítica em tempos de violência*, p. 26.
[8] *Op. cit.*, p. 32.

CAPÍTULO 2

AO ABRIGO DE *LARES*

O conto é de Machado de Assis. Intitula-se *Na arca*. Anuncia-se desde logo: "Três capítulos inéditos do Gênesis". Principia com o anúncio de Noé aos seus filhos, Jafé, Sem e Cam de que em breve deixarão a arca. A promessa do Senhor cumpriu-se. Todos os homens sobre a terra pereceram. Com o dilúvio restaram apenas os sobreviventes da arca: a família de Noé e os animais em pares. Em pouco tempo voltarão a ocupar a terra "(...) *no seio da paz e da concórdia*". Dito isto, Noé deixa-os, ingressa numa das câmaras da arca. Os irmãos ufanam-se com as perspectivas. Serão os únicos. Toda a terra a uma só família.

Então Sem teve uma ideia a que os irmãos quiseram ouvir. Disse ele: "meu pai tem a sua família; cada um de nós tem a sua família; a terra é de sobra; podíamos viver em tendas separadas. Cada um de nós fará o que lhe parecer melhor: e plantará, caçará, ou lavrará a madeira, ou fiará o linho".

Jafé concorda, acrescenta que se a arca vai descer no topo de uma montanha, então Noé e Cam ficarão com as terras do lado nascente, e ele e Sem com as do poente, cada qual com duzentos côvados de terra. Afinal, como havia dito Sem, "a terra é de sobra".

Mas, Sem discorda: *"Acho pouco duzentos côvados"*. Jafé de pronto aumenta para quinhentos em favor de cada qual e esclarece:

> Entre a minha terra e a tua haverá um rio, que as divida no meio, para se não confundir a propriedade. Eu fico na margem esquerda e tu na margem direita. E a minha terra se chamará a terra de Jafé, e a tua se chamará a terra de Sem; e iremos às tendas um do outro, e partiremos o pão da alegria e da concórdia.

Aprovada a divisão, Sem lembra: *"Mas, e o rio? A quem pertencerá a água do rio, a corrente?"*. Divergem. Surge a proposta de dividir o rio em duas partes ao se fincar um pau no meio, mas Jafé pondera que a corrente levaria o marco. Então, Sem propõe ficar com o rio e as duas margens, e consente que o irmão levante um muro dez ou doze côvados depois da margem. Jafé reage: "vai bugiar! Com que direito me tiras a margem, que é minha, e me roubas um pedaço de terra? Porventura és melhor do que eu, ou mais belo, ou mais querido de meu pai? Que direito tens de violar assim tão escandalosamente a propriedade alheia?"

Jafé ameaça matar Sem como Caim matou a seu irmão. Cam intervém. Fim do primeiro capítulo, a arca boiava sobre as águas.

Os dois irmãos prosseguem com insultos e ameaças. Cam assume um gesto de renúncia em favor da pacificação; por amor, quer sacrificar a terra que lhe cabe ao lado do pai em troca do rio, das duas margens e de uns vinte côvados de cada um dos outros irmãos. A proposta é recusada por Jafé e Sem com desprezo e ironia. Cam resolve chamar Noé e as mulheres dos dois irmãos. Enquanto isto, as ameaças retomam, Jafé e Sem precipitam-se um sobre o outro, entram em luta corporal, esmurram-se, sangram. Termina o segundo capítulo, *"A arca, porém, boiava sobre as* águas *do abismo"*.

O terceiro e último átimo reproduzo integralmente:

> Eis aqui chegou Noé ao lugar onde lutavam os dois filhos, e achou-os ainda agarrados um ao outro, e Sem debaixo do joelho de Jafé, que com o punho cerrado lhe batia na cara, a qual estava roxa e sangrenta.
>
> Entretanto, Sem, alçando as mãos, conseguiu apertar o pescoço do irmão, e este começou a bradar: "Larga-me, larga-me!"
>
> Ouvindo os brados, às mulheres de Jafé e Sem acudiram também ao lugar da luta e, vendo-os assim, entraram a soluçar e a dizer: "O que será de nós? A maldição caiu sobre nós e nossos maridos."
>
> Noé, porém, lhes disse: "Calai-vos, mulheres de meus filhos, eu verei de que se trata, e ordenarei o que for justo." E caminhando para os dois combatentes,
>
> Bradou: "Cessai a briga. Eu, Noé, vosso pai, o ordeno e mando." E ouvindo os dois irmãos o pai, detiveram-se subitamente, e ficaram longo tempo atalhados e mudos, não se levantando nenhum deles.
>
> Noé continuou: "Erguei-vos, homens indignos da salvação e merecedores do castigo que feriu os outros homens."
>
> Jafé e Sem ergueram-se. Ambos tinham feridos o rosto, o pescoço e as mãos, e as roupas salpicadas de sangue, porque tinham lutado com unhas e dentes, instigados de ódio mortal.
>
> O chão também estava alagado de sangue, e as sandálias de um e outro, e os cabelos de um e outro, como se o pecado os quisera marcar com o selo da iniquidade.
>
> As duas mulheres, porém, chegaram-se a eles, chorando e acariciando-os, e via-se-lhes a dor do coração. Jafé e Sem não atendiam a nada, e estavam com os olhos no chão, medrosos de encarar seu pai.
>
> O qual disse: "Ora, pois, quero saber o motivo da briga."
>
> Esta palavra acendeu o ódio no coração de ambos. Jafé, porém, foi o primeiro que falou e disse: "Sem invadiu a minha terra, a terra que eu havia escolhido

para levantar a minha tenda, quando as águas houverem desaparecido e a arca descer, segundo a promessa do Senhor;

"E eu, que não tolero o esbulho, disse a meu irmão: "Não te contentas com quinhentos côvados e queres mais dez?" E ele me respondeu: "Quero mais dez e as duas margens do rio que há de dividir a minha terra da tua terra."

Noé, ouvindo o filho, tinha os olhos em Sem; e acabando Jafé, perguntou ao irmão: "Que respondes?"

E Sem disse: - "Jafé mente, porque eu só lhe tomei os dez côvados de terra, depois que ele recusou a dividir o rio em duas partes; e propondo-lhe ficar com as duas margens, ainda consenti que ele medisse outros dez côvados nos fundos das terras dele.

"Para compensar o que perdia; mas a iniquidade de Caim falou nele, e ele me feriu a cabeça, a cara e as mãos."

E Jafé interrompeu-o dizendo: "Porventura não me feriste também? Não estou ensanguentado como tu? Olha a minha cara e o meu pescoço; olha as minhas faces, que rasgaste com as tuas unhas de tigre."

Indo Noé falar, notou que os dois filhos de novo pareciam desafiar-se com os olhos. Então, disse: "Ouvi!" Mas os dois irmãos, cegos de raiva, outra vez se engalfinharam, bradando:

- "De quem é o rio?"
- "O rio é meu."

E só a muito custo puderam Noé, Cam e as mulheres de Sem e Jafé, conter os dois combatentes, cujo sangue entrou a jorrar em grande cópia.

Noé, porém, alçando a voz, bradou:

- "Maldito seja o que me não obedecer. Ele será maldito, não sete vezes, não setenta vezes sete, mas setecentas vezes setenta. Ora, pois, vos digo que, antes de descer a arca, não quero nenhum ajuste a respeito do lugar em que levantareis as tendas."

Depois ficou meditabundo.

E alçando os olhos ao céu, porque a portinhola do teto estava levantada, bradou com tristeza: "Eles ainda não possuem a terra e já estão brigando por causa dos limites. O que será quando vierem a Turquia e a Rússia?"

E nenhum dos filhos de Noé pode entender esta palavra de seu pai.

A arca, porém, continuava a boiar sobre as águas do abismo.

A representação criada por Machado de Assis sobre os primeiros instantes nos quais o ser humano passou a disputar a terra é eloquente. Ambição, orgulho e egoísmo marcam a disputa dos irmãos. Uma irmandade biologicamente constatada em nossa espécie. Somos Jafé, Sem e Cam. E em nosso planeta "a terra é de sobra".

Mas, para além de qualquer instinto de sobrevivência, parece que o ser humano, desde o princípio – capítulos inéditos de uma gênese –, engalfinha-se por *ter* o que não precisa, quer *deter* o que não consegue alcançar ou usufruir na integralidade, precisa *reter* o que lhe é legado em abundância pela natureza, ainda que não o necessite na totalidade que se apresente. Persiste o *ter*, a necessidade de *domínio*, a terra enquanto símbolo de poder, mesmo que custe a miséria de um irmão. Pouco importa se "a terra é de sobra". Não se consente, não se transige, em sociedade – contradição em termos – não se compartilha.

Se o componente humano que habita a nossa espécie depende do lastro social, do *viver com*, desde os primórdios a humanidade dá mostras de sua livre escolha por, paradoxalmente, se *viver contra*. Um embate pela terra de cada povo – a família de Noé –, um afã por terras a cada qual – Jafé, Sem e Cam –, um enfrentamento movido pelo desejo de *ter* que, às vezes, se dá quando ninguém tem nem se sabe se algo haverá – em última análise, pouco importa se a arca ainda se encontra boiando sobre o abismo.

Se enquanto *morada* o homem primitivo conheceu a terra, igualmente foi por nela habitar, constituir os seus laços – *viver com* –, servir-lhe e aos seus de abrigo, que lentamente dela se apropriou. De pousada a domínio, um signo de dominação sobre outros de quem incoerentemente se depende para viver.

O historiador francês Fustel de Coulanges descreve esta outra versão da gênese. A antiga definição de propriedade associava-se à religião, pois cada família tinha o seu lar e os seus antepassados que, acreditava-se, viviam sob a terra (os deuses *Lares*), e porque a adoração deles era exclusiva dos familiares, então a terra, "local" onde habitavam os mortos, deveria lhes *pertencer* –, tanto, porque no subsolo encontravam-se os antepassados, quanto no solo os rituais, deveres religiosos, eram amiúde praticados em lembrança e "alimento" às suas almas.[9]

A alma precisava de uma morada.[10] A felicidade do morto dependia menos do seu modo de agir quando vivo, do que o quanto os seus descendentes envidariam esforços à celebração de rituais em seu benefício.[11] Textualmente, diz o historiador:

> O lar deve estar isolado, isto é, nitidamente separado de tudo quanto não lhe pertença; é preciso que o estranho não se aproxime do lar no momento em que se realizam as cerimônias do culto, evitar mesmo que o veja: por isso, aos seus deuses, chamam deuses encobertos, *múkhioi*, ou deuses interiores, *Penates*. Para que esta disposição religiosa seja rigorosamente cumprida, torna-se necessária a existência de uma vedação em torno do lar, a certa distancia. Pouco importa se formada por paliçada, por sebe ou muro de pedra. Seja do que for, indica o limite, separando o domínio de um lar de outro domínio pertencente a outro lar. Este recinto considera-se sagrado. Comete-se impiedade ao transpô-lo. O deus vela por ele e dá-se-lhe, assim,

---

[9] COULANGES. *A cidade antiga*, p. 57.
[10] *Op. cit.*, p. 9.
[11] *Op. cit.*, p. 44.

o epíteto de *erkhios*. Esta vedação, traçada pela religião e por ela protegida, afirma-se como o tributo mais verdadeiro, o sinal irrecusável do direito de propriedade.[12]

Embora nem sempre fosse assim entre todos os povos. Os tártaros, assevera Foustel de Coulanges, admitiam o direito de propriedade apenas quanto aos rebanhos, mas não em relação ao solo. Os antigos germanos não admitiam a atribuição de domínio sobre a terra, por isto, a cada ano a tribo indicava aos seus membros, a área que cada qual deveria cultivar, o que se alterava no ciclo seguinte; ou seja, era-se proprietário apenas da colheita.[13]

Mas o que passou a predominar foi mesmo a entronização da propriedade. Foi o que motivou a lei romana, caso alguma família alienasse a sua propriedade, a impor que se continuasse proprietária do túmulo e mantivesse, por conseguinte, o direito de atravessar o terreno para cumprir com os deveres cerimoniais. Em Esparta, chegou-se a proibir a alienação da terra – ser proprietário não compreendia a disposição do bem –, e ainda na Grécia há registros de deveres de rituais de sacrifício por ocasião da venda de bens de raiz. Ser proprietário, em função desses deveres religiosos, era, antes de um direito, um inequívoco *dever*, o que inclusive impedia ao primogênito, recusar a herança, porque deveria continuar o culto aos antepassados.[14] Naqueles idos, para o Estado, o corpo e a alma dos cidadãos eram ainda sua propriedade.[15]

A propriedade definia-se, portanto, conforme as religiosidades. *Religare*, do latim, distorcia-se e lentamente se afugentava de um vínculo sincero com um sentimento divino; servia, aos poucos, a deitar as raízes do homem sobre a terra. A ligação que se estreitava era com o próprio solo.

Erich Fromm, referido na introdução deste ensaio, em sua pesquisa sobre os significados de *ter* e de *ser* encontrou conclusões preliminares que o guiam em outras análises que faz adiante em sua obra. Pressupõe o psicanalista que há dois modos fundamentais de existência, o *ter* e o *ser*. No modo *ter*, explica ele, o relacionamento que se estabelece com o mundo é de "pertença e posse" em que se quer que tudo e todos "(...) *sejam minha propriedade*". Ao passo que no modo *ser* há duas perspectivas distintas: uma se contrapõe ao *ter*, o que "(...) *significa vitalidade e relacionamento autêntico com o mundo*", e outra se opõe ao *aparecer*, o que representa a "verdadeira natureza".[16] Evidente, a natureza do modo *ter* de existência "(...) *decorre*

---

[12] *Op. cit.*, p. 59.
[13] *Op. cit.*, p. 57.
[14] *Op. cit.*, p. 62-69.
[15] *Op. cit.*, p. 205.
[16] FROMM. *Ter ou ser?*, p. 43

da natureza propriedade privada. Nesse modo de existência, tudo o que importa é minha aquisição de propriedade e meu irrestrito direito de manter o adquirido".[17]

À procura de um modo de *ser* com o divino, os primeiros homens descobriram e deslumbraram-se com os modos de *ter* a terra. A proteção buscada ao abrigo de *Lares* com o tempo se converteu em dominação sobre estes próprios recursos físicos. As impressões mais imediatas e sensíveis, corporais, táteis prevaleceram na forma de viver sobre o solo. Não se relevou o quanto da terra seria preciso a simplesmente *ser* na fugaz passagem sobre ela. O que se despertou ao homem foram as possibilidades de força e controle. Modos de *ter*.

Os reflexos da privação em relação ao outro – mesmo que a sobrevivênvia do próximo fosse indispensável à vivência do dominador – não sensibilizaram. A fraternidade em sociedade, em princípio suficiente à condição humana, não satisfez. O desejo de dominação convolou o sentimento de amparo que a terra oferecia em um atributo de poder. Formaram-se estratégias de subjugação. A terra – pouco importava se existisse de sobra – revelou-se um dos principais instrumentos a este desiderato. Por isso, era preciso disputá-la. Querer até a terra desconhecida cuja valia em exploração (ou abrigo) não havia como estimar, ou não se sabia se alguém lá já se instalara (o que em verdade seria motivo ainda maior à apropriação), ou até se não existia, porque o local para o qual se projetavam as buscas e disputas simplesmente poderia ser o fim do mundo. Não importou. As dissensões pelas terras, conhecidas ou não, alastraram-se. Não era relevante se a arca ainda boiava sobre as águas do abismo.

---

[17] *Op. cit.*, p. 87.

CAPÍTULO 3

A FORMAÇÃO DE UM MITO

A deusa da agricultura na mitologia grega era Deméter, filha de Crono e Reia, protetora do cultivo da terra, das colheitas, ordenadora das estações do ano. Deusa da fertilidade. Em Roma denominava-se Ceres e os rituais em sua celebração ocorriam na primavera. Narra-se que com Zeus, lider supremo do Olimpo e seu irmão, tiveram uma filha, Perséfone, por quem Hades, irmão de Zeus e senhor do subterrâneo, os Ínferos, apaixonou-se.

Hades, na condução de seu carro puxado por quatro vigorosos cavalos, sequestrou-a. Levou-a consigo às profundezas de seu reino. Obteve ele o consentimento prévio de seu irmão e pai da amada, Zeus. Ao sequestrá-la, entraram por uma abertura na terra que se fechou com a passagem deles, mas ficou um rastro, uma fenda. Deméter sente falta da filha e a procura. Não a encontra por onde perambula, por isso, decide recorrer a Hélio, o deus-sol que tudo vê, e soube dele o que ocorreu. Hades raptou a sua filha!

Deméter revolta-se, recusa-se a voltar ao Olimpo, pemanecerá na Terra e deixará de exercer sua função de proteção da semeadura e da colheita. Não haverá mais fruto da terra porque esta se secará – tal como se sente ela pela ausência forçada de sua filha. Não existirá mais vida nos campos.

A sua ira é lançada.

Então, Zeus pondera, reconsidera a sua participação no evento – afinal, apoiou o seu irmão em seu intento –, procura Hades e pede-lhe que devolva Perséfone. Afinal, o rapto não legitimava a união. Mas, há um grave empecilho. Ninguém pode cruzar de volta o rio Estige – rio que separa os reinos da vida e da morte – se nos Ínferos ingeriu algo. Ainda que tenha sido uma simples semente. E Perséfone, por astúcia de Hades, ingeriu uma semente de romã, o que a impediria de deixar o reino dos mortos. Deméter não se conforma, insiste. Há necessidade de uma solução, porque a terra não pode ser estéril, o ciclo das estações – da vida – não pode ser suspenso. Então, surge uma alternativa, e chegam a um consenso: Perséfone passará um terço do ano com Hades no subterrâneo, e dois terços com Deméter na superfície da terra. Deste modo, em alternância, ora filha e mãe compartilham a convivência – e Deméter abençoa a terra com fartura nas colheitas–, ora elas separam-se, Perséfone vai ao encontro de Hades e o frio e as folhas secas fazem lembrar a tristeza da Deusa do cultivo das terras.

Há muitas variantes deste mito tal como ocorre com quase todas as narrativas mitológicas, mas o cerne da ideia que se elabora reside sempre nos mesmos elementos e interessa-me, dentre estes, realçar o ciclo de vida, morte e ressureição da natureza. No arquétipo de Deméter, o empuxo da terra não representa a especulação financeira, não se trata da fundação dos pilares do poder, não se refere à servidão. A terra não é palco de submissão. Não se cuida de um modo de *ter*. Ao contrário. O mito narra o fluxo constante da criação – crescimento e destruição. A terra em particular é a linha desta perene circulação: serve, refaz-se, novamente se dispõe. Vive-se plenamente, porque o morrer integra-se ao viver. Um modo de *ser*.

Como diz Junito de Souza Brandão:

> Deméter é, pois, a Terra-Mãe, a matriz universal e mais especificamente a mãe do grão, e sua filha Core, o grão mesmo de trigo, alimento e semente, que, escondida por certo tempo no seio da Terra, dela novamente brota em novos rebentos, o que, em Elêusis, fará da espiga o símbolo da imortalidade.[18]

Para o mitologo Joseph Campbell, quatro são as funções da mitologia: a) mística: a de provocar *"(...) um sentido de deslumbramento grato e afirmativo diante do estupendo mistério que é a existência"*; b) cosmológica: a de apresentar uma imagem do cosmos a induzir e manter a percepção de assombro diante da vida; c) sociológica: a de legitimar e manter certo sistema sociológico; e d) psicológica: a de fazer o indivíduo atravessar as etapas da vida – nascimento à morte. Por isso, ainda diz Joseph Campbell, quem não tem uma mitologia, vive em um labirinto, pois a primeira função de uma mitologia viva é conciliar a consciência com a própria existência, um sentido de deslumbramento diante do mistério que é a existência.[19]

O mito de Deméter impacta-nos, porque contempla uma função mística. Refere-se à circularidade da vida – nascer, morrer, renascer – e a relação do ser humano com a natureza. Do homem com a terra, onde se sagra a plenitude da existência.

Conta com a função cosmológica ao reavivar a natural e imarcescível vocação da terra ao ciclo das estações, e não a frágeis definições, conceitos estreitos da cultura humana; a terra integra-se às forças da natureza, não se domestica envolta de cercas, traçados, muros, fundações, perfurações

---

[18] BRANDÃO. *Mitologia grega*, v. 1, p. 302. Core é outro nome atribuído a Perséfone.
[19] CAMPBELL. *Mito e transformação*, p. 34-37; 53.

ou descrições num contrato ou numa matrícula de registro imobiliário. A língua não é recipiente o suficiente.

Revela uma função sociológica. O ser humano existe, porque vive em sociedade – vive-se com – e a terra exterioriza um meio essencial à interlocução. Na terra passa-se, mas nela também se pousa, habita-se, mora-se. A terra proporciona o sustento e também o abrigo, e se a todos não os fornecer, vive-se contra.

A função psicológica reside na oportunidade que o mito oferece sempre que recontado – em seus ciclos narrativos que espelham a essência da própria mensagem: a circularidade das estações, dos anos, da vida – de conscientização a respeito da natureza da terra, se primeiro é servir à moradia, ou se de encerrar-se num conceito jurídico de propriedade.

O mito de Deméter, portanto, é um arquétipo. E arquétipos, esclarece Carl Gustav Jung, são "(...) *fatores formais responsáveis pela organização dos processos psíquicos inconscientes: são os 'patterns of behaviour' [padrões de comportamento]*".[20] É a designação que se atribui a "(...) *certas formas e imagens de natureza coletiva, que surgem por toda parte como elementos constitutivos dos mitos e, ao mesmo tempo, como produtos autóctones individuais de origem inconsciente*"[21] – daí constantemente ele afirmar que o mito é uma bem conhecida expressão dos arquétipos do *inconsciente coletivo*.[22]

Carl Gustav Jung reconhece que "(...) *os conteúdos inconscientes são de natureza 'pessoal' quando podemos reconhecer em nosso passado seus efeitos, sua manifestação parcial, ou, ainda, sua origem específica*".[23] No entanto, há outra camada, o *inconsciente coletivo*, cuja origem não se remete a experiências pessoais, mas é inerente à condição humana, por isso, são conteúdos da (in)consciência que são comuns em quaisquer épocas e a todos os indivíduos, um substrato psíquico de natureza suprapessoal[24] que transcende o acontecimento histórico. Em suas palavras:

> O inconsciente coletivo é uma parte da psique que pode distinguir-se de um inconsciente pessoal pelo fato de que não deve sua existência à experiência pessoal, não sendo, portanto, uma aquisição pessoal. Enquanto o inconsciente pessoal é constituído essencialmente de conteúdos que já foram conscientes e, no entanto, desapareceram da consciência por terem sido esquecidos ou reprimidos, os conteúdos do inconsciente coletivo nunca estiveram na consciência e, portanto, não foram adquiridos individualmente, mas devem sua existência apenas à hereditariedade. Enquanto o inconsciente pessoal consiste em sua maior parte de 'complexos', o conteúdo

---

[20] JUNG. *Sincronicidade*, p. 15.
[21] JUNG. *Psicologia e religião*, p. 89-90.
[22] JUNG. *Os arquétipos e o inconsciente coletivo*, p. 17.
[23] JUNG. *O eu e o inconsciente*, p. 11.
[24] JUNG. *Os arquétipos e o inconsciente coletivo*, p. 15.

do inconsciente coletivo é constituído essencialmente de 'arquétipos'. O 'conceito de arquétipo', que constitui um correlato indispensável da ideia do inconsciente coletivo, indica a existência de determinadas formas na psique, que estão presentes em todo tempo e em todo lugar.[25]

Demeter e sua história compõem um arquétipo coletivo, e a função psicológica deste mito, embora constantemente reprimida, reaviva-se sempre que retomada a sua narrativa. Os ciclos da colheita e do tempo reproduzem-se no voltar-se à consciência perdida, a si própria e indagar, repetidas vezes: o que fazemos da terra, a que presta o solo?

Outra história que ao longo da trajetória da humanidade reproduz-se – um arquétipo coletivo, portanto – e entremeia-se com o mito de Deméter é a *busca da terra prometida*. A referência clássica é a fuga dos hebreus, comandada por Moisés em cumprimento às ordens de Deus, do Egito à Canaã. Uma saga por libertação. A promessa de uma terra onde corre leite e mel.

A relação do homem com o solo de que fala o mito de Deméter faz-se presente nessa jornada rumo à Canaã. O convite a estreitar-se com a terra é um símbolo de transcendência divina e intimidade com a natureza (terra na qual mana leite e mel), um modo de *ser*, o que serve de guia à trajetória humana cujo destino não se encerra numa porção de chão. É um arquétipo de libertação. Uma terra a servir de morada do corpo e à elevação da alma, a destinar-se à formação de uma sociedade –, porque, sem o outro não se sobrevive – e não deveria aninhar formulações de apego exasperante ao solo, domínio sôfrego, ânimo de apropriaçãoególatra excludente de outros grupos e etnias que guardam em si o mesmo componente humano, o mesmo DNA que abrevia tantas raças e culturas, ingentes diversidades, a uma única e comum raça humana.

Deméter é o mito de consagração de todo o planeta à condição de terra prometida à humanidade. Uma morada comum. Inclusiva. Tencionalmente gregária.

Mas, natural, ao se pensar Canaã, lembrar-se de Jerusalém. Uma terra sagrada a distintas formas de religiosidade. A constituição de uma imagem sublime num espaço circunscrito, uma cidade.

Diz Karen Armstrong: "essa busca do sagrado e o culto de um local santo por vezes se relacionavam com a nostalgia do paraíso. Quase todas as culturas possuem o mito de uma Idade do Ouro no começo dos tempos, quando a comunicação com os deuses era fácil e íntima".[26]

Nas guerras empreendidas pelos hebreus à conquista de Canaã em terríveis massacres sob a liderança de Josué, sucessor de Moisés, um povo e

---

[25] JUNG. *Os arquétipos e o inconsciente coletivo*, p. 53.
[26] ARMSTRONG. *Jerusalém*: Uma cidade, três religiões, p. 32.

uma cidade resistiram, os jebuseus que viviam em Jerusalém. Para muitos historiadores há a possibilidade de estas lutas terem restringido-se a uma pequena área no território de Benjamim[27] e, apenas com a conquista de Jerusalém por Davi, por volta do ano 1000 a.c., é que Jerusalém efetivamente se tornou a capital de Canaã.

Mas não é uma terra santa apenas aos judeus, e posteriormente aos cristãos e, mais adiante, aos muçulmanos. Se no século XIV a.C. Jerusalém era uma das cidades-estados de Canaã – embora não fosse a capital –, a sua entronização revelara-se antes sob outras expressões religiosas, a exemplo do culto a Baal, o deus da tempestade, venerado por um povo junto ao litoral da Síria,[28] cuja mitologia encontra paralelo com a tríade grega de Zeus, Posídon e Hades, pois Baal enfrentava Yam-Nahar, o deus dos mares e dos rios, e Mot, o deus da morte e da esterilidade. Ainda há menção a Asera, deusa da fecundidade – tal como Deméter aos gregos.

A relação do homem com a terra, portanto, quase sempre se compôs de um sentimento de exaltação, enlevo diante de uma estrutura física que acolhe, permite a edificação de uma morada a proteger das intempéries, de ataques hostis, e frutifica, pois nela se retiram os alimentos, domesticam-se e criam-se animais a auxiliar no labor e servir à subsistência. Abriga-se a vida. Celebra-se a morte – da natureza e dos antepassados, os *Lares*. Venera-se o solo onde se pisa, no qual se semeia e colhe, espaço de integração, *viver com*, de relação com os outros de quem se carece – dependência física, emocional e racional. Terra na qual se revela – instrui-nos – o perene ciclo no qual nascer, viver, morrer e renascer sintetizam o porquê de intuirmos o lastro divino.

Um eterno retorno, enfim. Mas, não por fim. E não o de Nietzsche. Pois, algo há de novo no ciclo da terra. A imagem da serpente que morde e engole, progressivamente, a própria cauda, *Ouroboros*, um dentre tantos símbolos da eternidade, representa o voltar-se sobre si próprio, a fecundação que renasce, vive-se novamente, mas algo diferente. O *mito da terra* anima-se deste eterno retorno. Signo de abrigo, sustento, convivência e enlevação, uma imagem de libertação indissociável da confraternização. Renascido, algo distinto, mas perene.

No entanto, este mitologema, tão natural quanto intenso em origens remotas, com o tempo foi reprimido. Outro, artificial, sutilmente se compôs. Outra narrativa. Um mito de apego, excludente, egolatramente composto para servir a interesses imediatos, necessidades inexistentes, desejos materiais impossíveis de realizarem-se, um mito a legitimar a subjugação do próximo, a instrumentalizar a constituição do poder. O *mito*

---

[27] ARMSTRONG, *op. cit.*, p. 46.
[28] ARMSTRONG, *op. cit.*, p. 37.

da propriedade com a qualidade de direito absoluto, suposto valor sagrado. Por este recurso a humanidade renegou as mensagens impressas em seu inconsciente coletivo. A terra passou a servir à opressão. Enregelou-se. Deixou de produzir vida.

Deméter foi esquecida.

CAPÍTULO 4

LUGAR NENHUM

Uma fábula. *A Utopia*, do humanista Thomas More, publicada em 1516, contempla, em sua narrativa sobre a vida numa ilha na qual se idealizam virtudes e formas de relacionamento, o potencial crítico a costumes e práticas políticas que podem ser retratados numa peça literária. Os valores que ao autor eram caros, as suas convicções e pautas éticas que entendia prementes à discussão e à revisão das posturas do Estado de seu tempo, apresentam-se não por um discurso convencionalmente científico – à época, evidente –, uma exposição categorizada, ordenada numa evolução progressiva e sistemática, mas, sim, pela dramaticidade de uma história. Uma fábula. O relato de uma ilha, Utopia, cuja etimologia – do grego: οὐ, "não", e τόπος, "lugar", então, o "não lugar" ou "lugar que não existe" –, embora recuse a sua existência, reconheça no umbral do texto a sua completa ficcionalidade, simultaneamente contempla o desejo do impossível. Ou de um tanto se aproximar dele.

A ilha imaginária é descrita por um viajante que lá esteve, a personagem Rafael Hitlodeu – cujo sobrenome significa "mercador de disparates". O nome da ilha é um derivativo de seu conquistador, o rei Utopos, que *"(...) transformou um amontoado de selvagens ignorantes naquilo que hoje talvez seja a nação mais civilizada do mundo (...)"*.[29] Dividido em duas partes, a corajosa crítica às injustiças sociais impingidas pelo governo inglês é realçada com o comparativo a este lugar que não existe. Detalha-se a vida em Utopia, os costumes do povo, hábitos familiares, vida privada, relações sociais, educação, trabalho, religião e organização política. Evidente, o modelo idealizado por seu autor dificilmente encontraria ressonância em seu exato detalhamento junto à cultura do século XXI, pois, se por um lado a paz é aspirada, por outro ainda há espaço entre os utopianos à escravidão, discriminação do papel da mulher e algumas situações mais que não condizem com o que, na hodiernidade, se reputa adequado em

---
[29] MORE. *Utopia*, 81.

uma sociedade. Mas, o arquétipo de realização do bem comum permanece. Uma ideia que persiste – ainda que o seu conteúdo tenha sofrido, naturalmente, reformulações ao longo da história. Em particular, interessa-me pensar sobre o papel da terra na vida humana.

Na ilha de Utopia:

> Nenhuma cidade tem a menor intenção de ampliar seus limites territoriais, pois o solo é visto como terra a ser cultivada, e não como propriedade. A intervalos regulares, por todo o campo, existem locais muito bem supridos de implementos agrícolas. Alguns moradores das cidades sempre vivem ali, e sua permanência é controlada por um sistema de revezamento.[30]

As terras são equanimemente compartilhadas. No campo, vocacionam-se à agricultura. Nos centros urbanos, as ruas *"(...) são muito bem traçadas (...)"*, as construções são belas, há jardins, e a distribuição das moradias ocorre por sorteio, porque *"(...) a cada dez anos faz-se um revezamento de moradores"*. Pois, não há propriedade privada.[31]

O que se encontra nesta narrativa sobre a relação do homem com a terra é o anseio por uma morada, proteção e vitualhas. Um lugar de convívio, e não um instrumento à reificação da humanidade. Todavia, mesmo ao tempo de Thomas More, a moradia há muito se fragmentara. Não era mais um mito com a complexidade ética que o permeia, tal como visto no capítulo anterior deste ensaio, é dizer, enquanto um *arquétipo coletivo*, portanto, sempre atual e inerente à existência humana a clamar por emergir à consciência em seu mais intenso vigor.

A moradia tornou-se uma fábula. Um lugar nenhum. O que não ocorreu, é claro, de um momento a outro.

A partir de Roma antiga, a propriedade passou à gradual e ostensiva substituição da moradia. A terra já não representava mais a todos o mesmo idílio. Pierre Grimal, historiador e latinista francês, retrata com precisão estes desencontros de impressão sobre o significado da terra à rotina dos cidadãos e escravos em Roma. Quando nasce o Império, diz ele, embora literatos como Virgílio não pudessem conceber felicidade maior do que a ofertada pela vida campestre – invocava o poeta o *"(...) lazer nos vastos domínios, entre a abundância, as fontes de* água *pura, os frescos vales e os mugidos dos bois, e a tranquilidade do sono debaixo de uma* árvore *(...)"* –, em peças de Paluto e Terêncio constatava-se que os escravos aterrorizavam-se com a possibilidade de serem enviados aos campos como se fosse o "castigo supremo". Em conclusão do historiador: *"Contradição evidente, mal estar*

---

[30] MORE. *Op. cit.*, p. 83.
[31] MORE. *Op. cit.*, p. 87-88.

que seria inútil negar: a vida rústica não é, aos olhos dos poetas, o que é para os trabalhadores".[32]

Na formação do Império, nem mesmo os romanos eram proprietários das terras exploradas. Muito embora a língua se valesse de um "curioso regime de propriedade", como assevera Pierre Grimal, ainda assim a maior parte das terras sujeitava-se a periódicas partilhas.[33] Com o passar do tempo é que se alterou a distribuição do solo, surgiu uma aristocracia rural que passou a concentrar extensas áreas, o que se deu em especial quando os clãs familiares passaram a ter presença direta na estrutura de poder. Houve até disposições legais que proibiam que a terra deixasse de pertencer a grupos, *gens*, o que garantia a continuidade da propriedade aos patrícios. Mas, em relação aos plebeus, evidente, não existia igual proteção, o que fez com que as suas terras progressivamente fossem reduzidas em comparação ao vasto território dos patrícios. E lembre-se que o Império era o maior titular de toda a extensão de terras conhecidas, embora se limitasse, em áreas remotas, a apenas precariamente ceder o uso àqueles outros que se aventurassem a explorá-las.

De todo modo, os pequenos proprietários que viviam exclusivamente da terra estavam sujeitos às más colheitas, e muitas vezes obrigados a obter empréstimos ao jugo de pesadas taxas cujos juros a serem resgatados, sob pena de escravidão, induziam-nos a vender a sua área aos credores que aumentavam seu domínio. Neste quadro, o pequeno camponês não contava com outra alternativa senão se dirigir à cidade onde tentaria exercer algum ofício.[34]

Quanto ao direito romano, José Carlos Moreira Alves destaca que não se definiu o direito de propriedade tal como o concebemos, o que ocorreu apenas a partir da Idade Média. Se o proprietário era o "regente e árbitro de sua coisa", quem deteria *"(...) a faculdade natural de se fazer o que se quiser sobre a coisa, exceto aquilo que é vedado pela força ou pelo direito"*,[35] assim o era sob inúmeras restrições. No chamado período pré-clássico, os romanos conheciam só a "propriedade quiritária" (cujo titular era o cidadão romano ou um latino ou peregrino que tivesse o *ius commercci*; embora seu objeto fosse coisa móvel ou imóvel, quanto a esta só eram suscetíveis de propriedade as terras situadas na Itália e suas províncias), e apenas no direito clássico é que se acresceram a "propriedade bonitária" (ou "pretoriana"), "propriedade provincial" e "propriedade peregrina". Aos poucos se elaboraram conceitos e institutos jurídicos que trataram das formas de

---

[32] GRIMAL. *A civilização romana*, p. 183.
[33] GRIMAL. *Op. cit.*, p. 185.
[34] GRIMAL. *Op. cit.*, p. 187-189.
[35] ALVES. *Direito romano*, p. 293.

aquisição, poderes inerentes ao domínio (direitos de usar, gozar e dispor da coisa), e instrumentos de proteção em situações de litígio.

No Império romano, as fundações da propriedade foram traçadas. Mas, só adiante, no decurso da Idade Média, e ainda posteriormente, com a formação do Estado Moderno e a preparação ao advento do Estado de Direito que surgiria no final do século XVIII, definitivamente a propriedade consolidar-se-ia no novo mito.

Na sociedade feudal, a propriedade representou a estrutura nuclear à compreensão das relações de poder. Dalmo de Abreu Dallari contextualiza estes elementos no período:

> O que aconteceu a partir do século X foi que cessaram as incursões de grupos armados que a história registra como invasões bárbaras, um período em que povos do Norte da Europa, entre eles os hunos chefiados por Átila, invadiram a Europa, chegaram até Roma, praticando muitas violências, destruindo, saqueando, violentando mulheres e matando pessoas indefesas, gerando medo e sentimento de insegurança. Isso acabou favorecendo a instituição do feudalismo, porque as populações que se sentiam inseguras e ameaçadas procuravam a proteção de um senhor mais forte, um senhor poderoso que dominava uma vasta extensão de terras, o seu feudo, e tinha homens armados a seu serviço. Esse era o senhor feudal, que governava os seus domínios sem qualquer limitação, com poder absoluto.[36]

A sociedade era tripartida. Formada por *oratores, bellatores* e *laboratores*, quer dizer, clérigos, guerreiros (posteriormente formaram uma nova nobreza) e trabalhadores, o domínio da terra caracterizava um recurso de exploração e controle social, o que instrumentalmente se fazia com a noção de *vassalidade*.

O colonato, na sociedade feudal, era a divisão da terra em duas partes, uma ao senhor (proprietário), outra em lotes atribuídos aos camponeses que eram obrigados a entregar àquele uma parcela de sua produção. A vassalidade então ocorria, inicialmente, sob o ato de submissão ao patronato que se denominava *commendatio* (recomendação): pedia-se a proteção à vida em troca da vitaliciedade do serviço a ser prestado com absoluta fidelidade ao protetor. O *comitatus* (ou companheirismo), um momento subsequente, foi a tradição de jovens disporem-se sob a tutela dos detentores do poder para serem treinados à guerra em permuta do prestígio da submissão. Prestava-se, em ato solene, um juramento de lealdade. O caráter servil da *commendatio* foi substituído pela honra e pela lealdade do *comitatus*. A respeito, Florivaldo Dutra de Araújo observa:

---

[36] DALLARI. *Estado, Federalismo e Gestão Democrática*, p. 58.

Outra raiz da vassalidade foi o instituto germânico do 'companheirismo', ou 'Gefolgschaft' (em alemão), ou 'comitatus' (em latim). O 'companheirismo' nasce com a antiga tradição dos povos germânicos, de colocar jovens sob tutela de reis, duques e outros nobres, para que fossem instruídos no serviço de guerra e, assim, adquirissem honras e riquezas.[37]

Desenvolve-se, então, a vassalidade clássica na qual, em palavras do historiador Marc Bloch, "(...) *mais do que nunca o homem procura um chefe, os chefes procuram homens*".[38] Duas formas, portanto, de vassalagem em seu sentido amplo: a "servidão" dos recomendados, hereditária, e a "vassalagem clássica" restrita à vida dos envolvidos, por isso, digna e propícia ao serviço – honroso – de guarda.

Homenagem, fé e investidura, afirma Jacques Le Goff, "(...) *articulam-se de forma necessária e constituem um ritual simbólico cuja intangibilidade é menos ligada* à *força e, nesse caso, ao caráter quase sagrado da tradição, do que à coerência interna do sistema*".[39]

O mito da propriedade ilude, enevoa a percepção de quem se submete ao senhor das terras, interdita qualquer possibilidade à racionalidade crítica de quem necessita de abrigo e sustento, as causas motivadoras da decisão por submissão – e havia escolha? Por que ser vassalo, aspirar a *recomendação* à sujeição, idealizar o *companheirismo* em solene comprometimento de lealdade e honra a outro sujeito? Por que querer *pertencer* a alguém, a quem *tem* a terra e igualmente por isso pode *ter* pessoas?

Aliena-se, reifica-se, não porque privado de um lar – e dos seus *Lares*. Não se acredita nisso. Mas, por honra, lealdade, o orgulho de assujeitar-se a outrem. Não a qualquer um. E, sim, a quem proprietário do solo. Senhor de terras. A relação de pertencimento de um ser humano a outro ao argumento da honradez mascara o eixo mobilizador desta escravidão supostamente consentida. Medo, abandono, angústia provocada pelo desabrigo, sensação de encontrar-se em lugar nenhum.

Mas, a retórica do poder – poder que se edifica na terra – convola submissão em honra, reificação em dignidade, desumanização num enlevo indulgente. O ser humano perde-se. Amesquinha-se sem mais aperceber. A linguagem articula-se a justificar o incompreensível: a possibilidade de muitos em sociedade dispensarem-se de sua humana condição em prestígio de uma mínima parte em razão do que a todos se encontra igualmente disponível, a natureza.

---

[37] ARAÚJO. *Negociação coletiva dos servidores públicos*, p. 50.
[38] BLOCH. *A sociedade feudal*, p. 194.
[39] GOFF. *Para uma outra idade média. Tempo, trabalho e cultura no Ocidente*, p. 462.

A cerimônia de homenagem na era feudal é ilustrativa deste obscurantismo engendrado quanto às verdadeiras motivações que levavam um ser a pertencer a seu semelhante. Em narrativa de March Bloch:

> Eis dois homens a frente: um, que quer servir; o outro, que aceita, ou deseja, ser chefe. O primeiro une as mãos e, assim juntas, coloca-as nas mãos do segundo: claro símbolo de submissão, cujo sentido, por vezes, era ainda acentuado pela genuflexão. Ao mesmo tempo, a personagem que oferece as mãos pronuncia algumas palavras, muito breves, pelas quais se reconhece 'o homem' de quem está na sua frente. Depois, chefe e subordinado beijam-se na boca: símbolo de acordo e amizade.
> (...)
> Concebido deste modo, o ritual era desprovido de qualquer sinal cristão. Explicável pelas distantes origens do seu simbolismo, uma lacuna não podia manter-se numa sociedade onde só se admitia que uma promessa fosse válida se tivesse Deus por fiador. A própria homenagem, na sua forma, nunca foi modificada. Mas, provavelmente a partir do período carolíngio, um segundo ritual, propriamente religioso, veio sobrepor-se ao anterior: com a mão, estendida sobre os Evangelhos, ou sobre as relíquias, o novo vassalo jurava ser fiel ao seu senhor. A isto chamava-se 'fé'.[40]

Em definitivo, e de volta a Jacques Le Goff, pode-se afirmar:

> O sistema de vassalagem é, sem contradição, um contrato entre duas pessoas em que uma, o vassalo, ainda que permanecendo inferior à outra (inferioridade 'simbolizada' pela homenagem), torna-se, por efeito de um contrato mútuo (cujo 'símbolo' é o feudo), seu igual em relação a todos aqueles que ficam fora desse sistema de contratos.[41]

No afã sôfrego por terras, desespero por domínio do solo a ser manietado com o propósito de plenificar o controle político, engalfinhava-se em disputas acirradas que eram travadas à conquista do absolutamente desconhecido. Disputava-se e partilhava-se até o que não se sabia existir. Almejava-se estender a soberania a lugares nenhuns, terras invisíveis. Ilustra esta ambição, o Tratado de Tordesilhas, firmado em junho de 1494 entre os Reinos de Portugal e Espanha para dividir terras "descobertas e por descobrir" fora da Europa. Após a chegada de Cristóvão Colombo ao chamado Novo Mundo, diante de suposições de vastas ár zas a serem exploradas, inicialmente se definiu como linha de demarcação o meridiano de trezentas e setenta léguas a oeste da ilha de Santo Antão no arquipélago

---

[40] BLOCH. *A sociedade medieval*, p. 178-179.
[41] GOFF. *Op. cit.*, p. 470.

de Cabo Verde; o que se encontrasse a leste pertenceria a Portugal, e a oeste seria do domínio da Coroa de Espanha.

Quanto aos habitantes desses territórios, não era preciso dispor contratualmente. Seriam eliminados ou subjugados, talvez aculturados, em completo desprezo à moradia antes firmada. Indispensável às nações-irmãs, Portugal e Espanha, tal como Jafé e Sem no conto de Machado de Assis, era resolver a partilha. Ainda que as suas naus continuassem a boiar sobre águas desconhecidas.

Eram tempos em modos de *ter* – há muito não se importava *ser*. Deméter foi definitivamente substituída por outros Deuses, no início da Idade Média, pelo Senhor Feudal, posteriormente, o povo viu-se submisso à imagem e dessemelhança de um Rei, Soberana Majestade.

A moradia tornou-se definitivamente uma utopia.

CAPÍTULO 5

SOBERANA RAZÃO HUMANA

Não há mais fábulas. Reina a soberana racionalidade. O discurso deve ser ajustado, integral e exaustivamente, ao pensamento lógico. Vige – e vinga-se – a razão. Humana? Uma tautologia. Nos albores dos séculos XVIII e XIX outra não poderia ser. Afinal, o que se lhe poderia contrapor? Razão divina? Razão animal? Impensáveis.

Mas, na criação de Liev Tolstói, há outras razões. Animais pensam. Falam. Refletem detidamente sobre a vida – qual o seu sentido – e as relações entretidas com a natureza. Na novela *Kholstomér*, a propriedade é questionada sob a reflexão e a dialética de um cavalo que não compreende este "baixo instinto animal" presente nos homens. O cavalo com o nome Mujique I é conhecido por seu apelido, Kholstomér, e conta aos demais cavalos do haras, durante noites que se seguem, a história de sua vida e o conhecimento amealhado sobre a natureza humana. Por ser malhado, uma cor diferente entre os demais cavalos da fazenda onde nasceu, desde os primeiros dias de vida sofreu com o repúdio dos homens – *"A quem puxou esse monstro?"*, disse o chefe dos cavalariços quando o viu a primeira vez. Na segunda noite de sua narrativa Kholstomér reflete em voz alta entre os seus pares:

> Eu entendi bem o que eles disseram sobre os lanhões e o cristianismo, mas naquela época era absolutamente obscuro para mim o significado das palavras "meu", "meu potro", palavras através das quais eu percebia que as pessoas estabeleciam uma espécie de vínculo entre mim e o chefe dos estábulos. Não conseguia entender de jeito nenhum em que consistia esse vínculo. Só o compreendi bem mais tarde, quando me separaram dos outros cavalos. Mas, naquele momento, não houve jeito de entender o que significava me chamarem de propriedade de um homem. As palavras "meu cavalo", referidas a mim, um cavalo vivo, pareciam-me tão estranhas quanto as palavras "minha terra", "meu ar", "minha água".
>
> No entanto, essas palavras exercem uma enorme influência sobre mim. Eu não parava de pensar nisso e só muito depois de ter as mais diversas relações com as pessoas compreendi finalmente o sentido que atribuíam

àquelas estranhas palavras. Era o seguinte: os homens não orientam suas vidas por atos, mas por palavras. Eles não gostam, tanto da possibilidade de fazer ou não fazer alguma coisa, quanto da possibilidade de falar de diferentes objetos utilizando-se de palavras que convencionam entre si. Dessas, as que mais consideram são "meu" e "minha", que aplicam a várias coisas, seres e objetos, inclusive à terra, às pessoas e aos cavalos. Convencionaram entre si que, para cada coisa, apenas um deles diria "meu". E aquele que diz "meu" para o maior número de coisas é considerado o mais feliz, segundo esse jogo. Para quê isso, não sei, mas é assim. Antes eu ficava horas a fio procurando alguma vantagem imediata nisso, mas não dei com nada. Muitas das pessoas que me chamavam, por exemplo, de "meu cavalo" nunca me montavam; as que o faziam eram outras, completamente diferentes. Também eram bem outras as que me alimentavam. As que cuidavam de mim, mais uma vez, não eram as mesmas que me chamavam "meu cavalo", mas os cocheiros, os tratadores, estranhos de modo geral. Mais tarde, depois que ampliei o círculo de minhas observações, convenci-me de que, não só em relação a nós, cavalos, o conceito de "meu" não tem nenhum outro fundamento senão o instinto vil e animalesco dos homens, que eles chamam de sentimento ou direito de propriedade. O homem diz: "minha casa", mas nunca mora nela, preocupa-se apenas em construí-la e mantê-la. O comerciante diz: "meu bazar", "meu bazar de lãs", por exemplo, mas não tem roupa feita das melhores lãs que há em seu bazar. Existem pessoas que chamam a terra de "minha", mas nunca a viram nem andaram por ela. Existem outras que chamam de "meus" outros seres humanos, mas nenhuma vez sequer botaram os olhos sobre eles, e toda sua relação com essas pessoas consiste em lhes causar mal. Existem homens que chamam de "minhas" as suas mulheres ou esposas, mas essas mulheres vivem com outros homens. As pessoas não aspiram a fazer na vida o que consideram bom, mas a chamar de "minhas" o maior número de coisas. Agora estou convencido de que é nisso que consiste a diferença essencial entre nós e os homens. É por isso que, sem falar das outras vantagens que temos sobre eles, já podemos dizer sem vacilar que, na escada dos seres vivos, estamos acima das pessoas: a vida das pessoas – pelo menos daquelas com as quais convivi – traduz-se em palavras; a nossa, em atos.

As luzes da razão (evidente, eminentemente humana) ambicionavam ter dissipado, plena e irreversivelmente, as névoas do primitivismo de séculos anteriores. Se no século XVII com o filósofo, matemático e físico René Descartes iniciava-se a divisão do mundo em matéria (*res extensa*) e pensamento (*res cogitans*), duas substâncias que marcariam o início da ascensão da razão, o desenterro do seu corpo, morto em 1650, para que fosse conduzido a novo sepultamento no Panthéon em 1792, no curso das transformações iniciadas com a Revolução Francesa de 1789, simbolizaria a imarcescível rendição à razão *humana*.

A física clássica, principiada igualmente no século XVII, com personalidades como o matemático italiano Galileu Galilei, o astrônomo alemão Johannes Kepler e o matemático inglês Isaac Newton, convulsionaria o conhecimento e o modo de relacionar-se com a natureza por novos paradigmas que se imporiam absolutos nos dois séculos seguintes. A descristianização nos anos subsequentes à Revolução de 1789 instituiu um novo culto, celebrações à soberana razão.
Conforme Michel Vovelle:

> É fácil distinguir dois aspectos nessa campanha: o primeiro é destruidor e, depois que faz tábula rasa das religiões instituídas, é compensado pelo segundo, isto é, a tentativa de implantar um novo culto cívico, o da Razão. (...)
> Houve uma tentativa de reconstrução: as igrejas abandonadas tornam-se "templos da Razão", onde as novas liturgias cívicas são celebradas com hinos e discursos. Procissões levam pela cidade as deusas Razão, encarnações vivas da nova divindade.[42]

Sem dúvida, o movimento racionalista que eclode a partir do século XVII contou com o mérito de ter combatido a ignorância que alicerçava o Antigo Regime, os desmandos do poder político sob o arremedo de um suposto mandato divino do monarca, um "déspota esclarecido". Serviu o iluminismo à conscientização do potencial da razão humana, um recurso de combate aos privilégios, abusos e ostentações de toda ordem da nobreza que condenava o povo à miséria definitiva.

Mas, as diversas articulações discursivas, elaborações cuidadosas das palavras, teorizações sistematizadas, filigranas especulativas, levaram a humanidade a distanciar-se de sua natural relação com a terra – como diz Kholstomér, os homens não orientam as suas vidas por atos, mas, sim, por palavras.

Sem fábulas ou mitologemas, as palavras – a razão *humana* – petrificaram a dimensão de magnitude artificialmente atribuída à propriedade. O mito da propriedade não foi apenas o substituto do mito da moradia. Mas foi a subversão de sentido da relevância heurística contida na noção de mito. A progressão constante e expansiva dos domínios da razão convolou o valor das narrativas fantásticas dos mitos – traços do inconsciente coletivo – em definições dogmáticas, áridas e intocáveis, do que os interesses humanos pretenderam resguardar em favor das minorias no controle do poder. A propriedade foi um destes pilares. Um mito em seu novo sentido, a desumanização da relação do homem com a terra.

---

[42] VOVELLE. *A Revolução Francesa – 1789-1799*, p. 230-231.

A ilustrar estes paradoxos das luzes da razão pode-se contar com um dos principais protagonistas a influenciar as transformações sociais e políticas da época e dos séculos vindouros, John Locke. O filósofo inglês foi inegavelmente um agente fundamental no combate ao absolutismo. Ele critica a tese vigente ao seu tempo, de uma suposta linhagem de poder absoluto originada com Adão. A exemplo de Thomas Hobbes, também John Locke recusa o instinto político, a natureza política do homem conforme a tradição do pensamento aristotélico, mas discorda da teoria de que, no estado de natureza, os homens viviam necessariamente em situação crescente de guerra entre si. Admite a guerra, mas é uma possibilidade tal como ocorre no estado civil. Para John Locke, a preservação de *direitos naturais* depende do *contrato civil*, pois é o recurso ao alcance da segurança e da preservação dos direitos inerentes à condição humana. Justifica-se, então, que se renuncie a parcela da liberdade – de uma suposta liberdade absoluta no estado de natureza – para atingir-se a certeza da liberdade remanescente. Afirma o filósofo que "(...) o *'governo civil'* é o remédio adequado para as inconveniências do estado de natureza (...)".[43] Adiante:

> Evitar esse estado de guerra (no qual não há apelo senão aos céus, e para o qual pode conduzir a menor das diferenças, se não houver juiz para decidir entre os litigantes) é a grande 'razão pela qual os homens se unem em sociedade' e abandonam o estado de natureza.[44]

Mas, a par das luzes remanescem sinais das trevas.

Pois, John Locke articula um sofisticado pensamento teórico no qual associa o *direito natural* à *liberdade* aos frutos da força de trabalho envidada, o que o leva a conferir primazia, numa sequência cadenciada, à *propriedade* pela perspectiva dos *modos de ter* (Erich From). A propriedade, soberana, sem vez ou voz à moradia, mas por meio da soberana razão humana – não atos, mas palavras (Liev Tostói) – elevada a direito natural.

Ou nas palavras de John Locke:

> O 'trabalho' de seu corpo e a 'obra' de suas mãos, pode-se dizer, são propriamente dele. Qualquer coisa que ele então retire do estado com que a natureza a proveu e deixou, mistura-a ele com o seu trabalho e junta-lhe algo que é seu, transformando-a em sua 'propriedade'.
> (...)
> O 'trabalho' que tive em retirar essas coisas do estado comum em que estavam 'fixou' a minha 'propriedade' sobre elas.[45]

---

[43] LOCKE. *Segundo Tratado*, p. 391.
[44] LOCKE. *Op. cit.*, p. 400.
[45] LOCKE. *Op. cit.*, p. 409-410.

Para o iluminismo, o ser humano não vive em sociedade por uma dependência de afeto, necessidade de *viver com*, estreitar-se em relacionamentos familiares e sociais, não é a fraternidade que o impulsiona à sociedade política. A terra não é berço do estado civil. Há um pacto, contrato social, no qual se reificam os vínculos com o solo. *Ter*, e não *ser*, com a terra. Se a condição humana no pensamento de John Locke e outros luminares dos séculos XVII e XVIII liberta-se do espectro opressor de uma irracionalidade impositiva da força, por outro lado estratifica a sociedade entre os que *têm* e os que *nada têm*. A propriedade entroniza-se definitivamente. Impera. É natural. Enquanto a morada esfacela-se. Encontrar um abrigo, *ser* com a terra e com os outros, não é natural à racionalidade daqueles tempos.

A influência de John Locke faz-se sentir muitos anos depois na Revolução Francesa e no advento do Estado de Direito. A Declaração dos Direitos do Homem e do Cidadão, editada pela Assembleia Nacional Constituinte da França revolucionária, em agosto de 1789, anuncia os *direitos universais* que decorrem dos *direitos naturais* do homem. Em seu art. 2º prescreve-se: *"O fim de toda a associação política é a conservação dos direitos naturais e imprescritíveis do homem. Esses Direitos são a liberdade, a propriedade, a segurança e a resistência* à *opressão"*. Quatro *direitos naturais*, supostamente enraizados à condição humana, elementos então que precedem o direito posto e não podem ser olvidados: liberdade, segurança, resistência à opressão e a *propriedade*. O último artigo ainda reforça um deles para sagrá-lo com uma áurea de divindade. Qual? Evidente, a propriedade. Afirma-se no art. 17: *"Como a propriedade é um direito inviolável e sagrado, ninguém dela pode ser privado, a não ser quando a necessidade pública, legalmente comprovada, o exigir evidentemente, e sob condição de justa e prévia indenização."*

Resquícios do Antigo Regime que permanecem. Insistem. Assertivas fugidias da razão que pretendem legitimar o poder terreno com a invocação de elementos sagrados. A canonização de um direito na aurora de novos tempos, o direito de propriedade. A relação causal defendida por John Locke alcança a concretização máxima na fundação do Estado de Direito: a *liberdade* é o pressuposto da *força de trabalho* cujo resultado, em homenagem a esta mesma condição humana (liberdade), implica atribuir igual importância ontológica à *propriedade*. Um tributo – pensava-se – à segurança que o contrato social deve prestar à liberdade.

As palavras que se convencionam no contrato social – leia-se: a sacralidade da propriedade na Declaração dos Direitos do Homem e do Cidadão – levariam tempo a ser compreendidas na integralidade de suas intenções. Natural. Afinal, nem Kholtomér entendeu, no princípio, o que significava a palavra "meu" e os vínculos por ela impostos. Só mais tarde, quando separado dos outros cavalos, ele o compreendeu. De igual modo, o direito natural à propriedade, ao abrigo do Estado de Direito, perpetuaria – mas à sombra da razão – a separação entre os homens.

Mas, ao lado deste endeusamento da propriedade, lançaram-se réstias em objeção. Por isso, as escolhas feitas à constituição do Estado de Direito, no fim do século XVIII, não se eximem de advertências tempestivas. Um dos objetores foi Jean-Jacques Rousseau, posterior a John Locke, em pleno século XVIII. Defensor do contrato social à preservação do homem que no estado de natureza originalmente se apresenta um "bom selvagem", a passagem ao estado civil é necessária, diz ele, em virtude da progressiva corrupção da condição humana. Mas, o que converte o instinto bom do homem em algo mesquinho, onde se encontra a fonte da desigualdade entre os homens? Deve-se procurar, diz ele, junto aos próprios homens. Em *Ensaio sobre a origem e os fundamentos da desigualdade entre os homens* o filósofo recorda a estátua de Glauco que o tempo, o mar e as tempestades a desfiguraram tanto que se assemelhava menos a um deus do que a um animal feroz, e do mesmo modo a alma humana foi alterada em sociedade por causas as mais diversas, mudanças sucessivas e permanentes. Portanto, na própria constituição humana reside a origem das diferenças entre os homens que, no princípio, eram tão iguais entre si.

Jean-Jacques Rousseau sustenta serem os "laços da servidão" que formam a "dependência mútua dos homens e das necessidades recíprocas que os unem". Servidão que apresenta por uma de suas raízes o momento em que alguém, tendo cercado um terreno, disse *"Isto é meu"*, e como afirma o filósofo, quem agiu desse modo pela primeira vez encontrou pessoas simples o suficiente para acreditar que fosse possível. Eis uma das origens da fundação da sociedade civil, a propriedade quando utilizada como recurso à servidão e, por conseguinte, à desigualdade entre os seres humanos. Desde o instante em que os homens perceberam que era útil ter provisões – prossegue Jean-Jacques Rousseau – para além de suas necessidades, a igualdade desapareceu, pois a propriedade foi introduzida e *"(...) o trabalho tornou-se necessário e as vastas florestas se transformaram em campos risonhos que foi preciso regar com o suor dos homens, e nos quais, em breve, se viram germinar a escravidão e a miséria, a crescer com as colheitas"*. Da cultura de terras advém a sua partilha, por consequência, a propriedade, uma das fontes das desigualdades.

Kholstómer entendeu – mas demorou, pois inicialmente lhe parecia um absurdo –, quem diz "meu" para o maior número de terras considera-se e é reconhecido como o mais feliz. Um jogo fundado no "instinto vil e animalesco" dos homens cujas letras e palavras associaram-se e redesenharam-se num arabesco linguístico que tracejou um novo signo: "direito de propriedade".

Que se reconheça, no entanto, não ser a propriedade completamente hostilizada nos escritos de Jean-Jacques Rousseau. Afinal, nela se funda o estado civil, por isso a relação de pertencimento justifica-se enquanto – e na proporção necessária – coerente à subsistência do seu detentor e da sua família. O que se infirma claramente é o processo pelo qual a justificação da necessidade convola-se em exploração, opressão, finalmente subjugação de outros sob "laços de servidão" ao cumprimento de anseiosególatras de quem se assenhoreou da terra.

No entanto, não foram tais objeções que prevaleceram, mas, sim, como visto acima, a liberdade de John Locke que se propaga numa espiral até se consumar na propriedade. A escolha do Estado de Direito foi torná-la um direito natural. Ou um pouco mais. Uma relíquia a ser venerada no culto à razão. E nessa propriedade aninhou-se – ou se subjugou – a moradia. Evidente, exclusivamente a quem titular deste "direito inviolável e sagrado".

A razão humana desproveu a terra de suas funções naturais: colher e nutrir, abrigar o homem, *ser* um lar. A racionalidade que rompera as trevas converteu-se, lenta e persistentemente, em racionalização castradora de naturais impulsos humanos, o desejo de um lar.

Convém destacar esta diferença, *racionalidade* e *racionalização*, o que o faz Edgar Morin ao dizer que a primeira

> (...) é o jogo, é o diálogo incessante entre nossa mente, que cria estruturas lógicas, que as aplica ao mundo e que dialoga com este mundo real. Quando este mundo não está de acordo com nosso sistema lógico, é preciso admitir que nosso sistema lógico é insuficiente, que só encontra uma parte do real. A racionalidade, de todo modo, jamais tem a pretensão de esgotar num sistema lógico, a totalidade do real, mas tem a vontade de dialogar com o que lhe resiste.
> (...)
> A palavra racionalização é empregada, muito justamente, na patologia por Freud e por muitos psiquiatras. A racionalização consiste em querer prender a realidade num sistema coerente. E tudo o que, na realidade, contradiz este sistema coerente é afastado, esquecido, posto de lado, visto como ilusão ou aparência.
> Aqui nos damos conta de que racionalidade e racionalização têm exatamente a mesma fonte, mas ao se desenvolverem tornam-se inimigas uma da outra. É muito difícil saber em que momento passamos da racionalidade à racionalização; não há fronteira; não há sinal de alarme.
> (...)
> Devemos lutar sem cessar contra a deificação da razão que, entretanto, é a nossa única ferramenta confiável, à condição de ser não só crítica mas autocrítica.[46]

---

[46] MORIN. *Introdução ao pensamento complexo*, p. 70-71.

É preciso evitar, ainda com Edgar Morin, dois tipos de delírio que acometem o ser humano:

> Um evidentemente é muito visível, é o da incoerência absoluta, das onomatopeias, das palavras pronunciadas ao acaso. O outro, bem menos visível, é o delírio da coerência absoluta. Contra este segundo delírio, o recurso é a racionalidade autocrítica e o apelo à experiência.[47]

A racionalização edificou artificialmente uma noção, e o que poderia ser um instrumento técnico, a propriedade, transformou-se em alicerce eidético do Estado de Direito. Fez-se sentir no trato individual da terra – quem a detém, aqueles que a acumulam – e, ainda, no modo como o Estado passou a atuar sobre o uso e a exploração dos espaços privados, principalmente nos centros urbanos. A intervenção do Estado nas propriedades individualmente consideradas e no seu conjunto em formação da urbe não foi aleatória.

No início da formação do Estado Moderno, sob a esquete trágica do Estado de Polícia, no qual as forças políticas enfeixavam-se nas mãos de um monarca, as intervenções urbanísticas parcamente realizadas limitavam-se a perpetuar o trato da terra pela exclusiva perspectiva do poder. Aberturas de ruas, edificação de prédios solenes, novas praças, eram ações promovidas em vista à celebração – e confirmação – do poder absoluto do rei.

Conforme esclarece Fernando Alves Correia, o ideal urbano da França, no século XVIII, centrava-se em preocupações fundamentais de ordem prática, estética e política. A prática referia-se à crença de que uma cidade só seria digna de admiração se fosse bem concebida e bem equipada, isto é, com ruas largas e praças amplas, passeios e jardins públicos; de ordem estética era o ideal de ruas retilíneas, alinhadas, um belo traçado urbano, a regularidade das fachadas, figuras geométricas regulares; por último, o urbanismo político expressava-se pela veneração da figura do soberano, o que levou à construção de um sem número de "praças reais" em homenagem à liderança real.[48]

Ao Estado do Antigo Regime, liderado por um despotismo pretensamente esclarecido, não importavam as mazelas sociais. Os instrumentos jurídicos manejados para fins urbanísticos nas cidades tinham o propósito de atender a escopos de segurança, higiene e salubridade das edificações, mas não em benefício da população desfavorecida, alijada de moradia digna, e sim para assegurar o enaltecimento da simbologia do poder: de um lado, a realeza, do outro, em inequívoca condição de subalternidade, os súditos – um eufemismo à permanência da vassalagem.

---

[47] MORIN. *Op. cit.*, p. 72.
[48] CORREIA. *O plano urbanístico e o princípio da igualdade*, p. 113 e seguintes.

A planificação tracejada ao longo dos Estados de Polícia nos séculos XVII e XVIII resumia-se a uma estética que pouco se importava com a população. O que fazer e como usar o solo, no campo ou principalmente nas cidades, de qual modo edificar, em última análise, *a que serve a terra*, nada importava a não ser para celebrar, solidificar, ensanchar as raízes do poder político.

Com o Estado de Direito que se principia com a Revolução Francesa não é tão diferente. A propriedade é sua fundação e estrutura. Justifica-o. É o seu fim. A razão (racionalização) de existir. Como dito linhas atrás, o seu alicerce eidético. Por isso, o Estado deve intervir na propriedade e no planejamento das cidades. A estética urbana, se no Estado de Polícia gravitava em torno do poder político, no século XIX incrementar-se-ia também com o poder econômico.

Poderes de supressão da liberdade – paradoxalmente, ideia que justificaria, segundo John Locke, a propriedade. "Laços de servidão" pelos quais os homens agrilhoam-se à terra. Um cipoal no qual, ao longo do século XIX, a humanidade precipitava-se. Haveria, afinal, alguma "vontade obstinada de servir", sem amor à liberdade, o que no século XVI foi antevisto por Étienne de La Boétie?[49] Ou não houve escolha, e sim a ação célere de quem antes cercou a terra e disse *"isto é meu"*?

Ao longo do século XIX, o Estado de Direito consolidava-se. Um Estado que primava pela liberdade. Estado de Direito Liberal no qual a propriedade – prenunciara John Locke – pretensiosamente simbolizava o produto final do anseio por se ser livre. Uma Administração Pública sordidamente patrimonialista evolvia-se, legitimava-se por discursos racionalistas, impunha-se definitivamente. O Imperador Napoleão III ilustrava-a e prenunciava o uso de um expediente que marcaria o seu tempo e tornar-se-ia cíclico por todo o século seguinte. Em 1853, a pretexto de reformular a gestão da cidade de Paris, Napoleão III confiou a Georges-Eugène Haussmann o encargo de cuidar das obras públicas da cidade. Como destaca David Harvey, *"Haussmann entendeu claramente que sua missão era ajudar a resolver o problema do capital e do desemprego por meio da urbanização"*.[50] A reconstrução de Paris demandou expressivo volume de recursos financeiros e mão de obra, pois se anexaram subúrbios, bairros foram transformados, as vias principais reconstruídas e, para tanto, foi preciso contar com a participação significativa de instituições financeiras e de crédito. Diz David Harvey:

> O sistema funcionou muito bem por uns quinze anos, e envolveu não só a transformação da infraestrutura urbana, como também a construção de um

---

[49] BOÉTIE. *Discurso sobre a servidão humana*, p. 38.
[50] HARVEY. *O Direito à cidade, passim.*

novo modo de vida e uma nova personalidade urbana. Paris tornou-se a Cidade Luz, o grande centro de consumo, turismo e prazer; os cafés, as lojas de departamentos, a indústria da moda, as grandes exposições – tudo isso modificou a vida urbana de modo que ela pudesse absorver o dinheiro e as mercadorias, por meio do consumismo.

Mas foi então que o sistema financeiro especulativo e as instituições de crédito superdimensionadas quebraram, em 1868. Haussmann foi demitido; Napoleão III, em desespero, foi à guerra contra a Alemanha de Bismarck e saiu derrotado.[51]

São tempos em que o planejamento da cidade simbolizava, mais do que em qualquer outro momento histórico anterior, a realização dos interesses econômicos associados ao poder político. Afirma Eric J. Hobsbawm:

> Para os planejadores de cidades, os pobres eram uma ameaça pública, suas concentrações potencialmente capazes de se desenvolver em distúrbios deveriam ser cortadas por avenidas e bulevares, que levariam os pobres dos bairros populosos a procurar habitações em lugares não especificados, mas presumidamente mais sanitarizados e certamente menos perigosos.[52]

A política de Haussman era a melhor solução aos anseios econômicos da classe dominante emergente. Friedrich Engels denomina "método Haussmann" a esta maneira específica aplicada na França bonapartista de abrirem-se longas artérias em bairros operários de ruas estreitas, edificar, de ambos os lados, grandes edifícios de luxo, o que, ao mesmo tempo, dificultava as lutas nas barricadas, contribuia para a formação de um proletariado da construção civil cada vez mais dependente do governo e, ainda, promovia a "autoglorificação da burguesia".[53] Nas suas palavras:

> Este é um exemplo marcante de como a burguesia resolve na prática a questão da habitação. Os focos de epidemias, os mais imundos porões nos quais, noite após noite, o modo de produção capitalista encerra nossos trabalhadores, não são eliminados, mas apenas... *mudados de lugar!*

O Estado de Direito Liberal sagrou o direito de propriedade, e igualmente em seu nome, em tributo à *liberdade*, interveio na disciplina urbana e assumiu o desenho das cidades, sempre sob o amparo da *razão* – por trás da qual se aninham razões ocultas –, às custas de famílias expulsas de suas moradias que foram isoladas em periferias carentes de infraestrutura de

---

[51] HARVEY. *Op. cit.*
[52] HOBSBAWM. *A Era do Capital*, p. 322.
[53] ENGELS. *Op. cit.*, p. 63-64.

serviços públicos e equipamentos urbanos, ou simplesmente dispersadas e condenadas – num eterno retorno – a buscar alguma terra prometida.

Sonhos que se esboroam nas cidades. Não há moradia. A propriedade e as políticas públicas de urbanismo a repelem. Não há vez aos *Lares*.

Cidades invisíveis como as muitas descritas por Ítalo Calvino: "As cidades, como os sonhos, são construídas por desejos e medos, ainda que o fio condutor de seu discurso seja secreto, que as suas regras sejam absurdas, as suas perspectivas enganosas, e que todas as coisas escondam uma outra coisa".[54]

Uma estética de poderes, político e econômico, estigmatizou o século XIX e o porvir. Mas, ao abrigo legitimador da razão. Soberana racionalização. Soberbamente humana.

---

[54] CALVINO. *As cidades invisíveis*, 46.

CAPÍTULO 6

NOSTALGIA

— Vou contar tudo. Meu nome é Joad, Tom Joad. Meu pai é o velho Tom Joad.

Tom Joad, o filho, é o principal protagonista da obra *As Vinhas da Ira*, romance épico de John Steinbeck, um clássico da literatura americana do século XX que inspirou filme homônimo.

O cenário são os Estados Unidos na década de trinta deste mesmo século. Das terras de Oklahoma a Califórnia narra-se a saga de uma família. Tom Joad deixa a prisão em livramento condicional. Havia matado um homem numa luta cujo retrato transmitido ao leitor mais revela um estado de legítima defesa. Tom quer voltar para casa, ver a família, pais, irmãos, avós, todos viviam em Oklahoma. Eram meeiros, agricultores que viviam do suficiente à subsistência, porque boa parte da produção destinava-se aos senhores da terra. Mas, a crise econômica decorrente da quebra da bolsa de valores, em 1929, faz-se presente. A mão de obra dos meeiros precisa ser substituída por tecnologia, equipamentos. Nos campos, tratores devem substituir os homens.

— Cada trator enxota dez famílias. Está cheio de tratores por ali, agora. Rasgam a terra e os meeiros têm que sair.

(...)
O homem devotava à terra a mesma indiferença que o banco nutria por ela. O homem admirava o trator, a sua estrutura mecânica, a plenitude de sua força, o barulho dos cilindros que detonavam; contudo, o trator não era dele. Atrás do trator rolava o disco reluzente, cortando a terra com lâminas aguçadas, não arando, mas cortando como um cirurgião, repuxando a terra para a direita, onde uma segunda fileira de lâminas cortava-a mais ainda e depois lançava-a à esquerda; lâminas brilhantes e agudas, polidas pela terra triturada. (...)

O homem ficava sentado no seu assento de ferro e sentia-se orgulhoso das linhas retas que ele não traçara, do trator que não lhe pertencia e que não amava, do poder que não podia controlar. E quando a safra progredia e a colheita terminava, nenhum homem pegava num punhado de terra quente e a deixava escorrer entre os dedos. Nenhum homem tinha tocado as sementes ou sentido alegria quando amadureciam. Os homens comiam aquilo que não tinham plantado; não tinham nenhum vínculo com o pão que comiam. A terra produzira pelo efeito do ferro, e sob os efeitos do ferro morria gradualmente (...)

Mais do que nunca são tempos modernos.

Os tempos mudaram, não sabe disso? Não se pode mais viver da terra, a não ser que se tenha dois, cinco, dez mil hectares e um trator.

Tom Joad caminha de volta ao lar. Ao se aproximar encontra, na região, lares destruídos. Os tratores derrubaram as casas, cortaram a terra, expulsaram os meeiros. Mas ele prossegue, caminha estrada adiante. Próximo de encontrar os seus, Tom cruza com um reverendo conhecido de muitos anos que passa a acompanhá-lo e o seguirá à sua família, Casey, ou melhor, tal como o próprio lhe diz logo, ex-pregador.

Antes de encontrar o acolhimento do seu lar, Tom pressente que as mudanças atingiram a sua família. Avista, enfim, a terra onde trabalhava. Conta a Casey o que seu pai fizera para identificar o espaço onde viviam.

— Aquela terra cercada é a nossa — disse Joad. — Nós não precisávamos de cercas, mas o meu pai tinha o arame farpado e então queria aproveitar ele pra alguma coisa. Disse que aquilo fazia ele se sentir o dono da terra.

A intuição que animara o seu pai, homem iletrado, a deitar arame farpado na terra parecia atender às advertências de Jean-Jacques Rousseau de que para ser dono era preciso cercá-la e dizer *"isto é meu"*.

Mas, não havia mais tempo a perder. Os tratores ali também chegaram, embora a sua família tentasse resistir. Não só os Joad. Todos os meeiros da região tentaram opor-se à expulsão.

— Tá certo — exclamaram os meeiros. — Mas esta é a nossa terra. A gente cultivou, fez ela produzir. Nascemos aqui, demos nossa vida a ela e queremos morrer aqui. Mesmo que não preste, ela é nossa. É isso que faz que a terra seja nossa: a gente nasce nela, trabalha nela, morre nela. É isto o que dá direito de propriedade, e não um monte de papéis cheios de números.

Definitivamente, era tarde.

Os donos das terras chegavam às plantações ou então mandavam alguém no lugar deles. Vinham em carros fechados e pegavam pequenos torrões de terra seca para esmagá-los entre os dedos e assim conhecer-lhes a qualidade; outras vezes traziam grandes escavadeiras que revolviam o solo para a análise. Os meeiros, às portas de suas cabanas míseras, olhavam inquietos o rodar dos carros através dos campos. E, finalmente, os donos das terras paravam às portas das cabanas para falar, sem sair do assento de seus carros, com os meeiros. (...)

Por fim, os donos das terras desembuchavam. O sistema de arrendamento não dava mais certo. Um só homem, guiando um trator, podia tomar o lugar de doze a catorze famílias inteiras. Pagava-se-lhes um salário e obtinha-se toda a colheita. Era o que iam fazer. Não gostavam de ter de fazê-lo, mas que remédio? Os monstros assim o exigiam. E não podiam se opor aos monstros.
(...)
— Mas, os senhores vão matar a terra com todo esse algodão.
— Sim, a gente sabe disso. Mas vamos cultivar bastante algodão antes que a terra morra. Depois vendemos a terra.

A família Joad prepara-se então para deixar o seu lar. Devem partir. O reencontro e as descobertas de Tom – as crianças cresceram, a sua irmã está grávida, o seu avô debilitado – são brevemente substituídos por planos de deixarem o único local que conheciam, onde suas vidas faziam sentido. Não há mais o que fazer ali. Os donos das terras as querem. Os meeiros são ameaçados, agredidos, violentados. É preciso seguir. Ser célere. Para a Califórnia onde há promessa de trabalho na terra. Fartura, dizem. Plantações de pêssegos, anunciam os panfletos largamente distribuídos entre todos os meeiros. Uma nova Canãa.

Os Joad compram um caminhão usado e iniciam a travessia. Uma epopeia em busca – forçada – de terras prometidas. Cortam o deserto – como Moisés o fizera –, conhecem outras famílias em rumo ao mesmo destino, à procura de novos lares. Uma jornada na qual a solidariedade e o egoísmo reformulam-se, paz e conflitos entrelaçam-se num cipoal de sentimentos e sonhos.

> E à noite acontecia uma coisa estranha: as vinte famílias tornavam-se uma só família, os filhos de uma eram filhos de todas. A perda de um lar tornava-se uma perda coletiva, e o sonho dourado do Oeste um sonho coletivo. E podia acontecer que uma criança enferma enchesse de pena os corações de vinte famílias, de cem pessoas; que um parto numa tenda mantivesse cem pessoas em silêncio e em expectativa durante uma noite, e que a manhã seguinte encontrasse cem pessoas felizes com o **êxito** do parto de uma estranha. (...)
> E à medida que esses pequenos mundos se moviam rumo ao Oeste, regulamentos tornavam-se leis, embora ninguém notificasse as famílias. É contra a lei sujar o local, é contra a lei poluir de qualquer maneira a água coletiva, **é** contra a lei comer coisas boas, suculentas, perto de uma pessoa esfaimada, sem lhe oferecer um pouco de comida.
> (...)
> E com as leis surgiram as medidas punitivas, que eram somente duas: uma luta rápida, de morte, ou então o exílio; e o exílio era o pior. (...)

Os sentimentos afloram. A tragédia alastra-se. A nostalgia domina o avô de Tom – levado contra a sua vontade, pois o seu desejo era ter permanecido naquela terra, o seu lar – e o leva à morte ainda no início da viagem. Depois, bem próximos de sua meta, chega a vez da passagem solitária de sua avó.

Mas, finalmente, estão na Califórnia. Canãa.

Os sonhos então se fragmentam de vez. Poucos empregos, remunerações miseráveis, centenas de famílias aglomeram-se à beira das estradas em alojamentos precários. Mão de obra explorada, pois a dor da miséria amesquinha os salários. Não há opções. Os poucos que conseguem trabalho fazem toda espécie de concessões. Amesquinham-se. Aceitam valores ínfimos, tratamentos desumanos, submetem-se a rotinas de vigilância movidas por desconfianças esquizofrênicas que destroem a autoestima dos lavradores. Habitações (moradas) provisórias. Provisória, em suspensão, torna-se a vida.

Saudades da terra natal marcam os Joad. Sentem-nas todos os que se encontram na Califórnia.

Ou quase todos. Sentem os peregrinos, claro. Pois, os senhores de Canãa – os que chegaram primeiro e a cercaram, e encontraram pessoas suficientemente inocentes a acreditarem que a terra lhes pertencia – olvidam-se de outros sentidos e sensações, de onde vieram, não sentem ou sonham o mesmo que estes migrantes, não falam a mesma língua. A perplexidade de Kholstomér invade as famílias destes miseráveis camponeses que cruzaram o país. O que é "meu" (*"As palavras 'meu cavalo', referidas a mim, um cavalo vivo, pareciam-me tão estranhas quanto as palavras 'minha terra', 'meu ar', 'minha* água*'*) ou o que define as relações com a natureza, com a terra em particular? (*"Existem pessoas que chamam a terra de "minha", mas nunca a viram nem andaram por ela"*).

A família Joad não entende.

E chegou a hora em que os proprietários não mais trabalhavam em suas propriedades. Trabalhavam no papel; esqueciam as terras, o cheiro da terra e a satisfação de cultivá-la; lembravam-se apenas de que elas lhes pertenciam quando estavam calculando o quanto ganhavam ou perdiam nelas.

Kholstómer estava certo. Os homens não orientam as suas vidas por atos, mas por palavras.

Palavras que julgam. Palavras que definem, discriminam, apartam, justificam a força e a violência. Palavras que sacralizam e apoderam-se do que não poderia ser mais mundano, o direito de propriedade.

> E os homens das cidades, e dos campos suburbanos que rodeavam as cidades, organizavam-se para a sua defesa. Tinham estabelecido que eles eram bons e que os outros, os invasores, eram maus, e como sempre fazem os homens antes das batalhas. Diziam: "São uns malditos Okies, uns ignorantes, sujos. São uns degenerados, uns maníacos sexuais. Uns ladrões, que roubam tudo o que encontram. Não têm o senso do direito da propriedade".

Mas, a saga por uma terra prometida não era de todo estranha aos norte-americanos cujas vidas são dramatizadas neste romance. O processo de colonização dos Estados Unidos da América performatizou este mesmo símbolo. Os principais imigrantes foram os perseguidos na Inglaterra, sobretudo por suas convicções religiosas, os protestantes em geral. Dentre eles, os calvinistas acreditavam que Deus ama o trabalho, e o dinheiro então seria um sinal de Sua graça. Ócio e luxo eram marcas do pecado. Com esta associação, protestantismo e capitalismo, tão bem percebida e retratada por Max Weber,[55] os primeiros imigrantes e colonizadores do novo mundo a ser desbravado comprometeram-se com a construção de uma nova Canaã.

Os protestantes acreditavam formar um grupo escolhido por Deus a compor uma nova sociedade de eleitos. Como diz Leandro Karnal,[56] a ocupação das terras indígenas pelos colonos fundamentou-se em argumentos teológicos. Por se verem como o povo a ser conduzido à terra prometida, eles deveriam, tal como Josué expulsou os habitantes de Canaã, alijar os índios de suas moradas. Um pastor puritano, John Cotton, celebrizou-se na época por seus sermões que enfatizavam as semelhanças da imigração com a busca pela terra prometida no antigo testamento.

A história dos Estados Unidos da América – em sua formação e por suas crises econômicas – emblematiza o quanto o liberalismo estruturante do clássico Estado de Direito Liberal, principalmente ao longo do século XIX e no início do século XX, dissociaram o ser humano de sua natural e instintiva vivência na terra.

A história dos Joad expõe essa angústia. Não se sabe mais sequer o que se busca. Qual terra? Onde Canaã?

Na Europa do século XIX, as Revoluções de 1830 e 1848 na França, país berço das esperanças de uma transformação político-social, tentavam reagir ao autoritarismo que grassava por todo o continente. A grave crise econômica – em virtude das péssimas colheitas agrícolas, a praga da batata e a crise do trigo – fazia sucumbir principalmente as classes menos favorecidas, e a ausência de efetiva representação política do povo agravava ainda mais a desesperança.

No ano de 1848, sucessivos movimentos de revolta contra o Governo francês (e ainda em outros países europeus) – a conhecida *Primavera dos Povos*, primeira revolução potencialmente global,[57] nas palavras de Eric Hobsbawm – foram mobilizados por trabalhadores e camponeses contra o capitalismo reinante. Mas, as manifestações foram sufocadas pela Guarda Nacional. O Partido da Ordem, formado por integrantes da burguesia

---

[55] WEBER. *A ética protestante e o "espírito" do capitalismo*, passim.
[56] KARNAL. *História dos Estados Unidos. Das origens ao século XXI*, capítulo O início, p. 18.
[57] HOBSBAWM. *A Era do Capital*, p. 33. Segundo o autor, reflexos deste movimento no Brasil podem ser reconhecidos na insurreição de 1848 em Pernambuco.

preocupados em proteger a propriedade – afinal, dissera a Declaração dos Direitos do Homem e do Cidadão, direito sagrado –, conduzia a Constituinte e opunha-se às ideias socialistas. Representações populares, como a Comissão de Luxemburgo, e líderes revolucionários, todos eles foram duramente combatidos por ações armadas lideradas pelo general Louis-Eugène Cavaignac e outros paladinos da defesa deste supremo valor racionalista, fruto da liberdade, uma vez mais, a propriedade. Considere-se, em particular, a Revolução de 1848. Não contava com uma ideologia. Tal como anota J. Hampden Jackson, o que se reclamava era "pão e trabalho". O desemprego havia subido de 8.000 trabalhadores, em março, para 50.000, no mês seguinte, e 100.000, em junho; os pobres deslocavam-se de todas as regiões da França a Paris para exigir trabalho.[58]

O Estado de Direito Liberal gradualmente revelava as suas sombras. Parecia mais uma vez ter antevisto o pensador, Étienne de La Boétie: *"(...) a primeira razão pela qual os homens servem de boa vontade é porque nascem servos e são criados como tais".*[59] O discurso de legitimação do contrato fundador da sociedade civil prestava-se a conferir razões às múltiplas formas de sujeição que se desdobravam.

Sonhos que não se realizam, buscas desassossegadas que nada encontram e não se encerram. Liberdade e igualdade aninhadas permanentemente no horizonte. Mas, insiste o homem, assombrado e melancólico, no velho e no novo mundo: onde as terras prometidas? Que pacto social foi este que promove êxodos perenes?

Lembranças da terra. Sente-se falta da simplicidade do abrigo de *Lares*.

Mas, ainda no século XIX, os tempos imemoriais nos quais a humanidade simplesmente vivia na terra parecem inspirar novas resistências, outros modos de pensar, reações contra o progresso avassalador do capitalismo liberal.

"Um espectro ronda a Europa - o espectro do comunismo", escrevem Karl Marx e Friedrich Engels, em fevereiro de 1848, no início do *Manifesto do Partido Comunista*. A história das sociedades, dizem eles, é a história das lutas de classes: a burguesia e o proletariado. O preço do trabalho é igual ao custo de sua produção, e a condição essencial da existência e supremacia da classe burguesa é a acumulação de riquezas em mãos de particulares, a formação do capital que depende, por sua vez, do trabalho assalariado. De tal sorte, se a Revolução Francesa propôs-se a abolir a propriedade feudal – o que o fez em simples substituição pela propriedade em favor da

---

[58] JACKSON. *Marx, Proudhon e o socialismo europeu*, p. 65.
[59] BOÉTIE. *Discurso sobre a servidão voluntária*, p. 49.

burguesia –, o que se quer com o comunismo é a abolição deste segundo estágio, a propriedade burguesa.

Lembranças da terra. Melancolia por Deméter.

Pierre-Joseph Proudhon, precursor do anarquismo, por outra senda, igualmente condena a propriedade. Em 1840, publica um texto breve no qual a qualifica como "um roubo".[60] Em *Filosofia da Miséria* descreve-a como um enigma: *"O problema da propriedade é, depois daquele do destino humano, o maior que possa ser proposto à razão, o último que ela conseguirá resolver"*.[61] A propriedade, afirma, *"(...) é ininteligível fora da série econômica (...)"*.[62] Trata-se de uma ocupação que alija qualquer ideia de comunidade,[63] e seu tratamento legitimado no Estado – a sua "legalidade" – serve a abusos de autoridade, um "direito de usar e de abusar" que se presta ao domínio absoluto e irresponsável, e o leva a concluir: *"A propriedade, por princípio e por essência, é, portanto, imoral (...)"*.[64]

Lembranças da terra afligem as memórias de tempos e locais que não se sabe mais sequer se existiriam. Saudades de lugar nenhum.

Friedrich Engels enfrenta diretamente a temática da moradia. Em, *A Questão da Habitação*, obra do início da década de 1870, assevera que as massas de trabalhadores rurais atraídas para as cidades, locais que se tornaram centros industriais, sofrem as transformações pelas quais passam os núcleos urbanos com o alargamento de ruas e outras intervenções que levam as habitações operárias a serem demolidas. Particularmente, na Alemanha, ele a acusa de tratar esse problema com "charlatanias sociais".[65] A sua análise é direta: *"O essencial da solução, tanto burguesa, como pequeno-burguesa, da 'questão da habitação' é que o trabalhador deve ser proprietário da sua habitação"*,[66] e justamente *"(...) esse cultivo e propriedade da terra são os laços que os impedem de ir procurar outra ocupação"*.[67]

São os verdadeiros "laços de escravidão" a que se referira Jean-Jacques Rousseau. Por recursos contemporâneos atendem aos novos tempos, atualizam-se as formas de dominação.

Tempos de explosões demográficas e de migrações. Buscas sôfregas por terras prometidas. Em 1848, a população do mundo era predominantemente do campo. Na Inglaterra, diz Eric J. Hobsbawm, os moradores da cidade só superaram os do campo em 1851, quando passaram a representar

---

[60] PROUDHON. *A propriedade é um roubo e outros escritos anarquistas*, passim.
[61] PROUDHON. *Filosofia da miséria*, t. 2, p. 169.
[62] *Op. cit.*, p. 190.
[63] *Op. cit.*, p. 196.
[64] *Op. cit.*, p. 231 e 246-247
[65] ENGELS. *A questão da habitação*, p. 5-6.
[66] *Op. cit.*, p. 10.
[67] *Op. cit.*, p. 13.

51%.[68] Entre 1846 e 1850, cerca de 250 mil pessoas deixaram a Europa, e nos cinco anos seguintes uma média anual de 350 mil. Só nos Estados Unidos, somente em 1854, chegaram 428 mil estrangeiros. Na década de 1880, entre 700 e 800 mil europeus emigravam em média por ano e, até 1900 seriam entre 1 e 1,4 milhão por ano.[69] Dentre as principais cidades europeias constata-se que Viena cresceu de algo em torno de 400 mil habitantes, em 1846, para 700 mil, em 1880, Berlim de 378 mil, em 1849, para quase 1 milhão, em 1875, Paris de 1 para 1,9 milhão e Londres de 2,5 para 3,9 milhões no interregno compreendido entre 1851 e 1881.[70]

Com este retrato de deslocamentos humanos é preciso ao capitalismo liberal que os trabalhadores tornem-se cativos. A propriedade, para Friedrich Engels, é um entrave à liberdade, e o que o Estado promete – discursa – dissimula o seu intento de subjugação:

> É claro como o dia que o Estado atual não pode nem quer remediar essa praga que é a falta de moradias. O Estado não passa do poder total organizado das classes possuidoras, dos proprietários de terra e capitalistas contra as classes exploradas, os comaponeses e operários.[71]

Lembranças da terra. Nostalgia de tempos em que os gestos valiam mais do que as palavras.

Mais avante, em pleno século XX, os instrumentos de manipulação do poder econômico aperfeiçoam-se e espraiam-se. O planejamento urbano incorpora em uma constante o "método Haussmann". As disposições de uso do espaço público e as intervenções na propriedade privada atendem a roteiros estratégicos a serviço não de prioridades de cunho social, mas a simples e contundentes interesses do capital. David Harvey ilustra a época com a solução acolhida nos Estados Unidos da América para resolver o investimento do capital excedente – nas mãos de poucos, pois não se pense que o haveria em famílias como os Joad – durante a década de 1940. Particularmente, em 1942, houve uma publicação na revista *Architectural Forum* sobre os esforços envidados por Haussmann no século anterior na França. Nas palavras de David Harvey:

> A matéria documentava em detalhes o que ele tinha feito e tentava analisar seus erros, mas procurava recuperar sua reputação como um dos maiores urbanistas de todos os tempos. O autor do artigo foi ninguém menos que Robert Moses, que depois da Segunda Guerra Mundial fez com Nova York

---

[68] HOBSBAWM. *A Era do Capital*, p. 265.
[69] *Op. cit.*, p. 296
[70] *Op. cit.*, p. 321
[71] *Op. cit.*, p. 60.

o que Haussmann tinha feito em Paris. Ou seja, Moses mudou a escala com que se pensava o processo urbano.

Por meio de um sistema de rodovias, transformação da infraestrutura, expansão para os subúrbios e uma reengenharia total, não só da cidade como de toda a região metropolitana, ele ajudou a resolver o problema da aplicação do dinheiro. Para tanto, Moses utilizou novas instituições financeiras e esquemas tributários que liberavam o crédito para financiar a expansão urbana. Levado, em âmbito nacional, a todos os grandes centros metropolitanos do país, esse processo teve papel crucial na estabilização do capitalismo global depois de 1945, período em que os Estados Unidos conseguiram impulsionar toda a economia mundial não comunista acumulando déficits comerciais.[72]

A "suburbanização dos Estados Unidos", prossegue David Harvey, envolveu a renovação da infraestrutura e uma "transformação radical no estilo de vida" com a promoção de consumo dos produtos os mais variados, de casas a geladeiras, aparelhos de ar-condicionado a dois veículos na garagem, e com isso

> (...) alterou o panorama político, pois a casa própria subsidiada para a classe média mudou o foco de ação da comunidade, que passou para a defesa dos valores da propriedade e da identidade individual, inclinando o voto dos subúrbios para o conservadorismo. Dizia-se que os donos da casa própria, sobrecarregados de dívidas, seriam menos propensos a entrar em greve.

O resultado do descaso com as políticas públicas no trato da moradia – a "questão da habitação" – e nos planejamentos urbanos que se voltam a orientar o investimento de recursos econômicos com o fim de satisfação desses exclusivos interesses são os conflitos urbanos que se exasperam por todo o século XX. Intensificam-se com o passar das décadas. Os Joad, outros meeiros, e um contingente incontável de trabalhadores urbanos dispersam-se pelo mundo, nos campos e nas cidades, e não sabem mais para onde ir. Nos Estados Unidos da América, na Europa, de volta ao continente americano, de norte a sul, África ou Ásia, não há mais lugares para ir.

Outra vez com David Harvey a respeito da permanência do "método Hausmann":

> A urbanização da China nos últimos vinte anos teve um caráter diferente, com foco intenso no desenvolvimento da infraestrutura, mas é ainda mais importante que a dos Estados Unidos. Seu ritmo se acelerou enormemente depois de uma breve recessão em 1997, a tal ponto que a China vem usando

---

[72] HARVEY. *Op. cit.*

quase a metade de todo o cimento mundial desde 2000. Mais de 100 cidades chinesas já ultrapassaram a marca de 1 milhão de moradores nesse período, e lugares que antes eram pequenas aldeias, como Shenzhen, se tornaram grandes metrópoles de 6 a 10 milhões de pessoas. Vastos projetos de infraestrutura, incluindo barragens e autoestradas, estão transformando a paisagem.

A China não passa do epicentro de um processo de urbanização que agora se tornou verdadeiramente global, em parte devido à espantosa integração dos mercados financeiros, que usam sua flexibilidade para financiar o desenvolvimento urbano em todo o mundo. O Banco Central chinês, por exemplo, teve forte atuação no "mercado secundário de hipotecas" nos Estados Unidos, enquanto o banco Goldman Sachs esteve muito envolvido na alta do mercado imobiliário em Mumbai, na Índia, e o capital de Hong Kong vem investindo na cidade americana de Baltimore.

(...)

Embora essa descrição seja de 1872, ela se aplica diretamente ao desenvolvimento urbano contemporâneo em boa parte da Ásia – Nova Delhi, Seul, Mumbai – e à gentrificação de Nova York. Um processo de deslocamento, e o que chamo de "acumulação por desapropriação", está no cerne da urbanização sob o capitalismo. E está originando numerosos conflitos devido à tomada de terras valiosas de populações de baixa renda, que em muitos casos vivem ali há muitos anos.

Considere o caso de Seul nos anos 1990: construtoras e incorporadoras contrataram grupos de capangas para invadir bairros pobres nos morros da cidade. Eles derrubaram a marretadas não só as moradias como todos os bens daqueles que tinham construído suas próprias casas nos anos 50, em terrenos que depois se valorizaram muito. Arranha-céus, que não mostram nenhum vestígio da brutalidade que permitiu a sua construção, agora recobrem a maior parte dessas encostas.

Em Mumbai, 9 milhões de pessoas oficialmente consideradas moradores de favelas estão assentadas em terras sem título legal de propriedade; todos os mapas da cidade deixam esses lugares em branco. No esforço de transformar Mumbai num centro financeiro mundial rivalizando com Xangai, o *boom* imobiliário se acelerou e a terra ocupada por esses moradores parece cada vez mais valiosa. Dharavi, uma das maiores favelas de Mumbai, está avaliada em 2 bilhões de dólares. A pressão para limpar o terreno – por motivos ambientais e sociais que mascaram a usurpação das terras – aumenta dia a dia. Poderes financeiros apoiados pelo Estado pressionam pelo despejo forçado das favelas. Desse modo, a acumulação de capital pela atividade imobiliária vai ao auge, uma vez que a terra é adquirida a custo quase zero.

Alcança-se o zênite, próximo do fim do século XX, da indiferença humana com a sua natureza – a humanidade e o seu *habitat*. Testemunhos reiterados de equívocos históricos fustigam e enfastiam. Um século de contradições no qual as políticas econômicas convivem com novas promessas anunciadas. Parecem ser tentativas de contenção.

Mas, as lembranças da terra, mais do que em qualquer outro tempo, são intensas. Eclodem em anseios exasperados. Só as promessas não satisfazem. Podem tornar-se provocações e nutrir a ira.

CAPÍTULO 7

PROVOCAÇÕES

A primeira provocação ele aguentou calado. Na verdade, gritou e esperneou. Mas todos os bebês fazem assim, mesmo os que nascem em maternidade, ajudados por especialistas. E não como ele, numa toca, aparado só pelo chão.
A segunda provocação foi a alimentação que lhe deram, depois do leite da mãe. Uma porcaria. Não reclamou, porque não era disso.
Outra provocação foi perder a metade dos seus dez irmãos, por doença e falta de atendimento. Não gostou nada daquilo. Mas ficou firme. Era de boa paz.
Foram lhe provocando por toda a vida.
Não pode ir a escola, porque tinha que ajudar na roça. Tudo bem, gostava da roça. Mas aí lhe tiraram a roça.
Na cidade, para aonde teve que ir com a família, era provocação de tudo que era lado. Resistiu a todas. Morar em barraco. Depois perder o barraco, que estava onde não podia estar. Ir para um barraco pior. Ficou firme.
Queria um emprego, só conseguiu um subemprego. Queria casar, conseguiu uma submulher. Tiveram subfilhos. Subnutridos. Para conseguir ajuda, só entrando em fila. E a ajuda não ajudava.
Estavam lhe provocando.
Gostava da roça. O negócio dele era a roça. Queria voltar pra roça.
Ouvira falar de uma tal reforma agrária. Não sabia bem o que era. Parece que a ideia era lhe dar uma terrinha. Se não era outra provocação, era uma boa.
Terra era o que não faltava.
Passou anos ouvindo falar em reforma agrária. Em voltar à terra. Em ter a terra que nunca tivera. Amanhã. No próximo ano. No próximo governo. Concluiu que era provocação. Mais uma.
Finalmente ouviu dizer que desta vez a reforma agrária vinha mesmo. Para valer. Garantida. Se animou. Se mobilizou. Pegou a enxada e foi brigar pelo que pudesse conseguir. Estava disposto a aceitar qualquer coisa. Só não estava mais disposto a aceitar provocação.
Aí ouviu que a reforma agrária não era bem assim. Talvez amanhã. Talvez no próximo ano... Então protestou.

Na décima milésima provocação, reagiu. E ouviu espantado, as pessoas dizerem, horrorizadas com ele:
- Violência, não!

A crônica *Provocações* é de autoria de Luis Fernando Veríssimo. Retratam-se, com a simplicidade e a agudeza deste mestre, duas das principais características da relação moradia e propriedade no século XX, junto aos múltiplos Estados de Direito pelos quais se passa: promessas e provocações.

Promessas de novos tempos. Reconhecimento da autonomia da moradia, necessidade de a todos se proporcionar um lar e prestigiar o vínculo natural com a terra. Respeito a este impulso nostálgico de reencontro. Sem terras prometidas além. Terras prometidas à frente. Anuncia-se – como o fizera a Declaração dos Direitos do Homem e do Cidadão – outro direito natural, inviolável e sagrado: o *direito à moradia*.

Provocações por promessas não cumpridas – da primeira à *"décima milésima"*. Porque, a propriedade continua a impor-se. Paradoxalmente, absorve e repele o espaço da moradia. Sufoca-se, desaloja-a. Quer-se – a propriedade – única, soberana. A propriedade não compartilha, não se emparelha com a moradia. Subjuga-se, controla-a.

Provocações em todos os tempos e por diferentes meios – *"Foram lhe provocando de tudo que era lado"*.

Em 1917, foi promulgada no México, e em seguida, em 1919, em Weimar, duas Constituições que, juntamente com a Revolução Russa de 1917, inauguraram uma nova época na aurora do século XX. São os primeiros estatutos constitucionais marcadamente sociais que anunciam o advento do Estado de Direito Social.

Na Constituição mexicana, tome-se por exemplo, reconhece-se o direito dos povos e comunidades indígenas à livre determinação e autonomia para preservar as suas terras (art. 2º, A, V). Reconhece-se a propriedade privada (art. 27), mas se afirma a possibilidade de reforma agrária (art. 27, VII) e proíbem-se os latifúndios (art. 27, XV).

A propriedade faz-se presente, porque não se adere, no Estado de Direito Social, à proposta comunista de sua abolição. Como diz Paulo Bonavides:

> O Estado social representa, efetivamente, uma transformação superestrutural porque passou o antigo Estado liberal. Seus matizes são riquíssimos e diversos. Mas algo, no Ocidente, o distingue, desde as bases, do Estado proletário, que o socialismo marxista intenta implantar: é que ele conserva sua adesão à ordem capitalista, princípio cardeal a que não renuncia.[73]

---

[73] BONAVIDES. *Do Estado Liberal ao Estado Social*, p. 184.

O Estado de Direito Social, antítese ao Estado de Direito Liberal, pretende assumir atividades, ser delas o seu titular, em nome do povo e para a ele destiná-las, são os *serviços públicos*; propõe-se intervir nas ordens econômica e social de modo a supostamente evitar o exclusivo comando do poder pela minoria detentora da força do capital com a consequente dilaceração das chagas sociais.

Promete-se novamente. Liberdade, igualdade e fraternidade, este célebre dístico da Revolução Francesa de 1789 não satisfaz. Promete-se outra vez – por discursos diversos. Trabalho e abrigo. Não é muito. Promete-se o direito à vida – *"Outra provocação"*.

A Constituição do México de 1917 é um paradigma deste período de mudanças – e promessas. Previu um catálogo de direitos trabalhistas, qualificou-os como direitos fundamentais (art. 5º e 123) e, particularmente no que diz respeito à terra, lembra Fábio Konder Comparato:

> (...) a Constituição estabeleceu a distinção entre a propriedade originária, que pertence à nação, e a propriedade derivada, que pode ser atribuída aos particulares. Aboliu-se, com isto, o caráter absoluto e "sagrado" da propriedade privada, submetendo-se o seu uso, incondicionalmente, ao bem público, isto é, ao interesse de todo o povo. A nova constituição criou, assim, o fundamento jurídico para a importante transformação sóciopolítica provocada pela reforma agrária, a primeira a se realizar no continente latino-americano.[74]

Nesta nova ordem, as transformações sofridas junto ao direito de propriedade não acontecem por antinomias com o direito à moradia. A propriedade modifica-se, algo se sensibiliza a respeito do destino do solo – a que serve, a quem serve –, mas, por meio de outro instituto jurídico, a *função social da propriedade*.

Ainda no início do século XX, produções acadêmicas, particularmente na ciência do direito, alentaram os compromissos do Estado do bem-estar social. Léon Duguit é um dos ícones. Articula este jurista um pensamento de vanguarda a respeito da noção jurídica de propriedade. Defende ele que se deve compreendê-la na qualidade de *propriedade-função*, é dizer, a propriedade deve deixar de ser um direito do indivíduo para converter-se numa função social do detentor da riqueza e, apenas nesta medida – a cumprir com a sua função social – a propriedade pode ser protegida.[75]

---

[74] COMPARATO. *A Constituição mexicana de 1917*. Disponível em: <http://www.dhnet.org.br/educar/redeedh/anthist/mex1917.htm>.

[75] A *função social* define o próprio Estado e o "poder de dominação" que "(...) *não é um direito subjetivo de que o Estado como pessoa jurídica seria titular; é antes toda uma função social*" (DUGUIT. *Las transformaciones del derecho público*, p. 101).

Em análise de Luciano Parejo Alfonso[76] e Allan R. Brewer-Carias,[77] Léon Duguit formulou a decomposição progressiva da propriedade-direito como direito subjetivo para a concepção de um bem que apenas se legitima em sua utilidade social.

Distante do "direito sagrado" da Declaração dos Direitos do Homem e do Cidadão, a propriedade em Estados Sociais, e sobretudo nos modelos Sociais Democráticos posteriores à 2ª Guerra Mundial, passou a contemplar outra perspectiva. Sintetiza-a Luciano Parejo Alfonso:

> (...) a propriedade privada não é apenas, como tradicionalmente se tem dito, um direito subjetivo, mas, sim, uma situação jurídica, de onde confluem um âmbito de poder – um feixe de faculdades, ou direito subjetivo de propriedade – e um âmbito de responsabilidade – núcleo de deveres do proprietário, com sua correspondente sanção em caso de descumprimento. Por isto, mais que dizer (...) que a propriedade tem, serve, desenvolve ou cumpre uma função social, há de afirmar-se que a propriedade é em si mesma uma função social (...).[78]

No Brasil, o direito de propriedade principia a sua revisão ao se prescrever a *função social* na Constituição de 1946, uma novidade inicialmente circunscrita à desapropriação por interesse social; posteriormente, foi prevista nos artigos 160, III, e 161, ambos da Constituição de 1967. Mas apenas com a Constituição Federal de 1988 é que se encontra difusamente contemplada a função social da propriedade sob um regime democrático. Os artigos 5º, XXIII, 170, III, 182, §2º, 184 e 186 afirmam-na.

A função social da propriedade, diz Carlos Ari Sundfeld, é um compromisso entre a ordem liberal e a ordem socializante de modo a integrar à primeira, os elementos da segunda, afinal, ao passo que se reafirma ser a propriedade um direito subjetivo individual (art. 5º, XXII, e art. 170, II), em disposição típica de um Estado Liberal, acresce-se, em sequência, uma dimensão pública ao se vinculá-la à sua função social (art. 5º, XXIII, e art. 170, III).[79]

A propriedade parece ser um consenso encontrado nas últimas décadas do século XX, deve conter uma dimensão social em seu uso e exploração. Os planejamentos das cidades, por conseguinte, devem concretizar esse compromisso. O art. 39 da Lei nº 10.257/01, conhecida por Estatuto da Cidade, ratifica o dever constitucional de a propriedade privada vincular-se à função social.

---

[76] ALFONSO. *Derecho urbanístico*, p. 76.
[77] BREWER-CARIAS. *Urbanismo y propriedad privada*, p. 82 a 83.
[78] ALFONSO. *Derecho urbanístico*, p. 101.
[79] SUNDFELD (coord.). *Função social da propriedade*, em *Temas de Direito Urbanístico – 1*, p. 2.

Mas, se recorde do "método Haussman", tão intenso quanto dominante por este último século XX, reformulado para continuar a prevalecer ajustado à nova língua. Outros discursos, o mesmo intento. Amolda-se o método às promessas – *"Na cidade, para aonde teve que ir com a família, era provocação de tudo que era lado".*

Há necessidade de mais. Ou de menos. Mais *ser*, menos *ter*. O ser humano anseia por um abrigo. Quer a terra do qual foi expulso, tocado em retirada, em movimento na busca de outras terras que nunca encontra. Utopias. Quer-se a proteção de um *Lar*. Um abrigo.

Apenas ao término da primeira década do século XXI, fim de um tempo e início de nova odisseia, a moradia é posta em letras na Constituição Federal brasileira como um direito social. O art. 6º, alterado pela Emenda Constitucional nº 64 de 2010, afirma-o – *"Se não era outra provocação, era uma boa".*

Não foi por completo uma novidade. O art. 23, IX, da Constituição Federal já dizia ser competência comum a todos os entes da federação a promoção de programas para a construção de moradias e melhorias das condições de habitação. Igualmente a moradia encontrou especial amparo nos artigos 183 e 191 ao legitimar, em área urbana ou em zona rural, a aquisição da propriedade por especial forma de usucapião. Ainda a moradia é um dos fundamentos, dentre outros, a buscarem-se parâmetros à fixação do valor do salário mínimo, nos termos do art. 7º, IV, e à proteção das comunidades indígenas nos termos dos artigos 231 e 232, e a fomentar a disciplina da reforma agrária, conforme o artigo 184 e seguintes – *"Ouvira falar de uma tal reforma agrária. Não sabia bem o que era. Parece que a ideia era lhe dar uma terrinha".*

Percebe-se, de algum modo, a necessidade de dissociar a moradia da propriedade. Não há relação de conteúdo para continente. Não se pode subordinar a moradia à propriedade, ou tê-la enquanto atributo desta, circunstanciado o espaço da morada enquanto e na justa medida que se lhe permite o capital.

A moradia, o *direito* à *moradia*, encontra autonomia e por isso, naturalmente, é possível haver inúmeros conflitos, inclusive com o direito de propriedade. A ilustrar, considere-se um caso que revela o comum tratamento dado pelas Administraçõs Públicas brasileiras no conflito entre os imóveis que lhe *pertencem* e o direito à moradia permanentemente frustrado junto a milhares de cidadãos miseráveis – com o agravante, em particular situação na qual um dos litigantes é o Poder Público, de que a sua propriedade em verdade só se legitima enquanto atende à sociedade, ao povo a quem se deve prestar contas, origem e fundamento do poder (art. 1º, parágrafo único, da Constituição Federal). A sentença foi proferida em 2012. O Município de São Paulo ingressou com ação de reintegração de posse contra os ocupantes de uma área adquirida por desapropriação com o fim de implantar um Circo Escola. Sem dúvida, há nobreza num projeto que pretende promover a cultura. Mas há, ainda, perplexidade ao se constatar que à época o próprio Município informava existirem dezoito mil, trezentos e noventa e seis famílias inscritas em seu programa habitacional e, no ano anterior, completava o Poder Público a informação, houve a entrega de setecentas e sessenta e duas unidades. Isto significa dizer que se supuséssemos que pelos próximos vinte anos nenhuma nova família solicitiasse moradia, ainda assim as inscritas não teriam sido atendidas. Algo há de equivocado na definição das políticas públicas relacionadas à moradia. A decisão foi desfavorável ao município de São Paulo. Ponderou-se:

> Dito de outra forma, o direito de propriedade autoriza reconhecer que os requeridos cometeram aparente ilícito ao ingressar no imóvel, mas de outro lado, o direito social de habitação autoriza reconhecer que a administração-proprietária poderá cometer ilícito ao tocar as pessoas do local sem qualquer espécie de providência assecuratória do mínimo existencial a ele inerente. E adiante-se, a propósito, que a municipalidade afirmou nos autos que nada oferecerá para os desalojados a fim de satisfazer o direito de habitação. (...)
> O problema central da questão controvertida nesta fase, como se fez sentir, não é o esbulho, ou seja, o ingresso no imóvel, mas, sim, a reintegração de posse, ou seja, a retirada dos cidadãos paulistanos do local, posto que titulares do mínimo existencial inerente ao direito de habitação. (...)
> Não é possível negar um direito fundamental e achar isso normal, porque pobres são assim, e a eles se reserva nada mais que o direito de entrar numa fila, sabe-se lá para o que e quando. (...)
> Nesta perspectiva, o direito à moradia colide, sim, com o direito à propriedade, se um dos interessados não os tem, e se o outro, podendo, não o deixa ter. O direito não é uma abstração normativa: como nos versos de Ismael Silva, existe muita tristeza na rua da Alegria, existe muita desordem na rua da Harmonia. Há de se ver a realidade com os olhos dos pobres privados de seus direitos, e reconhecer, em juízo, as promessas irrealizadas como fonte de direitos e obrigações, dada a mora estatal.
> Que a municipalidade poderia atender com mais vigor o direito constitucional à moradia não há dúvida, pois concede incentivos fiscais para construir estádio de futebol, o faz para a realização de programas de "revitalização" urbana, e destina recursos até para a construção de escolas de circo como no caso dos autos: pão e circo, como na velha Roma, sem escrúpulos cívicos como Maria Antonieta, aquela dos brioches. Tudo segue no sentido da instalação de situações de fato propícias para a promoção das desocupações forçadas, por culpa das políticas públicas.[80]

---

[80] 3ª Vara da Fazenda Pública de São Paulo, processo nº 0045635-59.2011.8.26.0053, Juiz de Direito Luis Fernando de Barros Vidal.

O julgamento deste caso, ao menos em primeiro grau, revela uma nova ordem de compreensão do Direito. Adotou-se o que Boaventura de Sousa Santos denomina de *legalidade cosmopolita ou subalterna*. Quer dizer, o Direito visto como instrumento e princípio universal de transformação social, o que depende de *"(...) deslocar o olhar para a prática de grupos e classes socialmente oprimidas que, lutando contra a opressão, a exclusão, a discriminação (...) recorrem a diferentes formas de direito como instrumento de oposição"*.[81] Deve-se perceber que:

> (...) é possível utilizar instrumentos hegemônicos para fins não hegemônicos sempre e quando a ambiguidade conceptual que é própria de tais instrumentos seja mobilizada por grupos sociais para dar credibilidade a concepções alternativas que aproveitem as brechas e as contradições do sistema jurídico e judiciário.[82]

Alçada a direito social, a moradia não pode mais ser, diante da realidade constitucional brasileira, um reflexo pálido do direito de propriedade. São direitos autônomos e passíveis de colisão que demandam inúmeras revisões sobre tradicionais soluções judiciais em conflitos públicos e privados.

No âmbito legislativo, o Estatuto da Cidade reiterou e expandiu a perspetiva autônoma da moradia. O art. 2º, I, diz que a política urbana tem entre os seus objetivos, a ordenação do pleno desenvolvimento das funções da cidade e da propriedade urbana, o que contempla, em garantia às cidades sustentáveis, o direito à terra urbana e à moradia. O art. 3º impõe à União o dever de promover, com Estados, Distrito Federal e Municípios, programas de construção de moradias e de melhoria das condições habitacionais. Prevê-se, inclusive, um instrumento específico no art. 4º, *h*, a *concessão de uso especial para fins de moradia*. Posteriormente, disciplinada pela Medida Provisória nº 2.220/01, esse instrumento destinou-se, inicialmente, a quem possuía como seu, por cinco anos, ininterruptamente e sem oposição, até duzentos e cinquenta metros quadrados de imóvel público situado em área urbana, mas, desde que, o utilizasse para sua moradia ou de sua família. Apesar de todas as críticas que podem ser feitas à concessão de uso – em destaque, a intenção legislativa de limitar no tempo a sua aplicação –, confirma-se, outra vez, uma demanda social por se tratar a moradia com estatutra diversa da que há tempos se convencionou atribuir.

É premente a descoberta de um encoberto potencial semântico contido no *direito* à *moradia* ao ser qualificado como direito social no art. 6º, *caput*, da Constituição Federal. A *legalidade cosmopolita* desta norma

---

[81] SANTOS. *Para uma revolução democrática da Justiça*, p. 15.
[82] *Op. cit.*, p. 36.

deve conferir, às atividades legislativa, administrativa e judiciária, outras leituras, prioridades, revisões de significados normativos, percepção de um novel alcance do sistema político e jurídico constitucional em relação à efetivação dos direitos sociais em geral, e da moradia em particular, ainda que muitas vezes haja colisões com o profano direito de propriedade. Não pode a moradia ser apenas mais uma promessa – *"Foram lhe provocando por toda a vida. (...) Resistitu a todas".*

Passa-se a produzir, cientificamente, estudos acadêmicos que reforçam a identidade da moradia. Para Sérgio Iglesias Nunes de Souza o direito à moradia é visto simultaneamente como direito de primeira, segunda e terceira gerações, porque diz respeito ao indivíduo isoladamente considerado, enquanto agente em interação social e porque apresenta uma pespectiva de bem indivisível; um direito humano e fundamental antes mesmo de sua expressa menção no art. 6º da Constituição Federal por força da Emenda Constitucional nº 26.[83] Lígia Melo assevera a fundamentalidade do direito à moradia não só porque textualmente posto na Constituição Federal, mas, antes, por ser indispensável à vida digna de qualquer cidadão; a propriedade não é o instrumento adequado à realização da moradia, direito humano e fundamental; não é apenas a liberdade de ir e vir que a preocupa, mas, ainda, a de "ser e estar"; nestes termos, a regularização fundiária é um instrumento à efetivação da moradia, portanto, dever do Estado de utilizá-lo.[84]

A regularização fundiária, na Lei nº 11.977/09, surge na qualidade de um dos principais recursos à concretização do direito à moradia. Em seu art. 46 afirma-se que a *"(...) regularização fundiária consiste no conjunto de medidas jurídicas, urbanísticas, ambientais e sociais que visam* à *regularização de assentamentos irregulares e* à *titulação de seus ocupantes, de modo a garantir o direito social* à *moradia".* Nos incisos do art. 47 são definidas importantes e inovadoras noções jurídicas a contribuírem à construção da autonomia da moradia; refere-se a lei, dentre outros, à *legitimação de posse*: título outorgado pelo Poder Público no qual se reconhece o direito de posse em imóvel objeto de demarcação urbanística em que se constam a identificação do ocupante e a natureza e tempo de posse; *Zona Especial de Interesse Social - ZEIS*: área urbana, definida no Plano Diretor ou por outra lei municipal, predominantemente voltada à moradia de população de baixa renda com regras específicas de parcelamento, uso e ocupação do solo; *assentamentos irregulares*: ocupações em parcelamentos informais ou irregulares, sejam as áreas públicas ou privadas, com uso predominante para fins de moradia. Por fim, o art. 48 é alvissareiro quanto às diretrizes a serem observadas

---

[83] SOUZA. *Direito à moradia e de Habitação,* p. 135-137.
[84] MELO. *Direito à moradia no Brasil, passim.*

às múltiplas formas de regularização fundiária e dos institutos com ela correlatos e disciplinados nesta lei; compromete-se o Poder Público em todas as esferas de governo a observar:

> I – ampliação do acesso à terra urbanizada pela população de baixa renda, com prioridade para sua permanência na área ocupada, assegurados o nível adequado de habitabilidade e a melhoria das condições de sustentabilidade urbanística, social e ambiental;
> II – articulação com as políticas setoriais de habitação, de meio ambiente, de saneamento básico e de mobilidade urbana, nos diferentes níveis de governo e com as iniciativas públicas e privadas voltadas à integração social e à geração de emprego e renda;
> III – participação dos interessados em todas as etapas do processo de regularização;
> IV – estímulo à resolução extrajudicial de conflitos; e
> V – concessão do título preferencialmente para a mulher.

A par com outras normas legais – a exemplo ainda da Lei nº 9.636/98, que dispõe sobre a regularizaão das ocupações de imóveis da União quando há assentamentos urbanos informais de baixa renda, ou da Lei nº 10.931/04, que previu a isenção de custas ou emolumentos notariais ou de registro decorrentes da regularização fundiária – a moradia, gradualmente, encontra o seu espaço no catálogo de direitos.

O que não se pode mais aceitar é, após o direito à moradia ser contemplado em princípios e regras contitucionais, depois de sua disciplina em normas infraconstitucionais que criam e especificam diversos âmbitos de eficácia, e ainda com produções doutrinárias a respaldarem este desenvolvimento, que este direito mantenha-se, nas práticas de Estado (em todos os Poderes), confinado a um espectro menor, relegado à margem, alojado em grau menor de relevância como se não fosse indispensável ao cumprimento dos objetivos fundamentais da República brasileira, notadamente diante do compromisso de construção de uma sociedade livre, justa e solidária (art. 3º, I, da Constituição Federal).

Não se pode, embora tão pouco ainda conquistado, deixar o direito à moradia sucumbir a novas fórmulas do sempre e insistente interesse econômico – *"Concluiu que era provocação. Mais uma"*.

Métodos – não um, mas múltiplos – conformes a cartilha de Haussmann continuam presentes. Os movimentos sociais que eclodiram no Brasil a partir de junho de 2013 revelaram o descontentamento da sociedade em geral com os direitos sociais – não apenas a moradia, claro –, frustrações reprimidas, angústia diante da paralisia e da corrupção que grassam na vida política do Estado brasileiro. Algo mais próximo da *Primavera dos Povos* na Europa do século XIX do que dos movimentos estudantis de maio de 1968.

Diante da Copa do Mundo de 2014 e das Olimpíadas de 2016, no Brasil, políticas de reforma urbana e edificação de equipamentos públicos causam gentrificações patrocinadas pelo próprio Poder Público. Percepção coincidente entre críticos especializados e o senso comum. Considere-se a Copa do Mundo. O estádio do Itaquerão, em São Paulo, é seu símbolo. Local de abertura deste evento esportivo, o preço dos imóveis no entorno aumenta vertigionsamente. A população de baixa renda é removida dos locais ocupados e os que são inquilinos, nas proximidades, não podem mais suportar a alta do aluguel movida pela lei de mercado. Área tradicionalmente abandonada pelo Estado, sem infraestrutura adequada de serviços públicos, a região torna-se, sob o patrocínio do Poder Público, em espaço – mais um – de oportunidades econômicas com expressivos ganhos em favor de empreiteiras e outros especuladores imobiliários.

Ainda mais grave, no entanto, são as gentrificações causadas com o prognóstico certo de que as obras em si não terão sequer mínima utilidade a justificá-las no futuro. É o caso do Estádio Nacional em Brasília com capacidade para setenta mil lugares quando na cidade os times de futebol, normalmente em divisões menores, conseguem reunir público infinitamente mais baixo do que os lugares disponíveis. Ou, ainda, o Estádio Arena da Amazônia, Estado sem qualquer tradição e repercussão no esporte, distante de outros polos de referência no futebol, cujo vaticínio não é tão difícil: mais uma obra empenhada pelo Estado, com expressivo lucro de alguns setores privados, muitas famílias carentes expulsas de suas terras, lançadas em busca, talvez, de outras terras prometidas. Qual reação da sociedade, notadamente da população mais desfavorecida, pode-se esperar? – *"Só não estava mais disposto a aceitar provocação"*.

Frente Internacionalista dos Sem-Teto (FIST), Organização Anarquista Terra e Liberdade (OATL), Movimento dos Trabalhadores Sem Terra (MST) e outras organizações e movimentos sinalizam a angústia da contemporaneidade no trato da terra e da moradia. A ausência de políticas públicas efetivas à realização do que ao menos formalmente se inscreve na Constituição Federal, o *direito* à *moradia*, uma forma de expressão da dignidade humana, gera reações. A violência então se deflagra.

Mas é a reverberação de outra violência. Manifestações reativas a agressões praticadas pelo Estado ao subscrever numa carta política, uma Constituição que se anuncia cidadã, um direito (à moradia) muito remotamente compreendido, convenientemente olvidado ao se priorizarem interesses de outra ordem. Renega-se o que se diz. Promessas não cumpridas.

Mas não é de violência que se precisa. De nenhuma das partes. Nem do povo miserável diuturnamente alijado da terra, muito menos do Estado e do poder econômico com as práticas constantes de uma violência institucionalizada. Violência travestida por recursos linguísticos sensíveis, politicamente corretos, palavras ocas – parece insistir a lembrança de

Kolsthomér: "(...) *os homens não orientam suas vidas por atos, mas por palavras*". Violência simbólica contida em promessas acintosamente propaladas, mas que não deixam o papel, enquanto a força dos Poderes constituídos ronda, ameaça, paira sobre qualquer esboço de reação. Provocações constantes.

Da violência não se pode aguardar qualquer legado de esperança. Mas da violência do Estado há sempre a possibilidade de ainda o pior dos cenários consumar-se – "*- Violência, não!*".

O conflito humano que se entremeia desde as origens – de Noé e seus filhos – é o desejo pelo encontro de um abrigo, a formação de um *Lar*, a sensação de pertencimento com a terra – e não *da* terra –, celebração a Deméter, reencontro da tão ansiada Canãa onde cada família encontra-se a viver, e não além, ali ou acolá. A terra prometida reconhece-se onde se cumprem as promessas de viver-se dignamente, onde se deitam as raízes do trabalho que fomenta o sustento, relações não mais de servidão.

Enfim, um desafio à humanidade no século XXI: tecer os seus "laços de liberdade".

REFERÊNCIAS

ARAÚJO, Florivaldo Dutra. *Negociação Coletiva dos Servidores Públicos*. Belo Horizonte: Fórum, 2011.

ALFONSO, Luciano Parejo. *Derecho Urbanístico*. Instituciones básicas. Mendoza-Argentina: Ediciones Ciudad Argentina, 1986.

ALVES, José Carlos Moreira. *Direito Romano*. 14. ed. Forense: Rio de Janeiro, 2008.

ASSIS, Machado de. *Na Arca*. Rio de Janeiro: Nova Aguilar, 1994. v. 2.

BLOCH, Marc. *A Sociedade Feudal*. Tradução de Liz Silva. Lisboa: Ed. 70, 2009.

BOÉTIE, Étienne de La. *Discurso sobre a Servidão Voluntária*. Tradução de J. Cretella Jr. e Agnes Cretella. 2. ed. São Paulo: Revista dos Tribunais, 2009.

BONAVIDES, Paulo. *Do Estado Liberal ao Estado Social*. 7. ed. São Paulo: Malheiros, 2004.

BRANDÃO, Junito de Souza. *Mitologia Grega*. 21. ed. Petrópolis: Vozes, 2009. 1. v.

BREWER-CARIAS, Allan R. *Urbanismo y Propriedad Privada*. Caracas: Editorial Jurídica Venezolana, 1980.

BURCKHARDT, Jacob. *O Estado como Obra de Arte*. Tradução de Sérgio Tellaroli. São Paulo: Penguin Classics Companhia das Letras, 2012.

CALVINO, Ítalo. *As Cidades Invisíveis*. Tradução de Diogo Mainardi. Rio de Janeiro: O Globo, 2003.

CAMPBELL, Joseph. *As Máscaras de Deus*. Mitologia primitiva. Tradução Carmen Fischer. São Paulo: Palas Athena, 1992.

_____. *Mito e Transformação*. Tradução de Frederico N. Ramos. São Paulo: Ágora, 2008.

COMPARATO, Fábio Konder. *A Constituição Mexicana de 1917*. Disponível em: <http://www.dhnet.org.br/educar/redeedh/anthist/mex1917.htm>. Acesso em: 2014.

CORREIA, Fernando Alves. *O Plano Urbanístico e o Princípio da Igualdade*. Coimbra: Almedina, 2001.

COULANGES, Fustel. *A Cidade Antiga*. Tradução de Fernando de Aguiar. São Paulo: Martins Fontes, 2004.

DALLARI, Adilson Abreu; FIGUEIREDO, Lúcia Valle (coords.). *Temas de Direito Urbanístico 1*. São Paulo: Revista dos Tribunais, 1987.

DALLARI, Dalmo de Abreu. Estado, Federalismo e Gestão Democrática. In: MARQUES NETO, Floriano Marques *et al* (orgs.). *Direito e Administração Pública*. Estudos em homenagem a Maria Sylvia Zanella Di Pietro. São Paulo: Atlas, 2013.

DUGUIT, Léon. *Las Transformaciones Del Derecho Público*. Tradução de Adolfo Posada; Ramón Jaén. Navarra: Analecta ediciones y libros SL, 2006.

ENGELS, Friedrich. *A Questão da Habitação*. Tradução de Dainis Karepovs. São Paulo: Editora Acadêmica, 1987.

FROMM, Erich. *Ter ou ser?* Tradução de Nathanael C. Caixeiro. 4. ed. Rio de Janeiro: LTC, 2008.

GINZBURG, Jaime. *Crítica em Tempos de Violência*. São Paulo: Ed. USP; Fapesp, 2012.

GOFF, Jacques Le. *Para Uma Outra Idade Média. Tempo, Trabalho e Cultura no Ocidente*. Tradução de Thiago de Abreu e Lima Florêncio; Noéli Correia de Melo Sobrinho. Petrópolis: Vozes, 2013.

GRIMAL, Pierre. *A Civilização Romana*. Tradução de Isabel St. Aubyn. Lisboa: Ed. 70, 2009

HARVEY, David. O Direito à Cidade. *Revista Piauí*, Rio de Janeiro, n. 82, jul. 2013.

HOBBES, Thomas. *Leviatã*. Tradução de João Paulo Monteiro; Maria Beatriz Nizza da Silva. São Paulo: Martins Fontes, 2008.

HOBSBAWM, Eric J. *A Era do Capital*. Tradução de Luciano Costa Neto. São Paulo: Paz e Terra, 2012.

_____. *A Era dos Impérios*. Tradução de Sieni Maria Campos; Yolanda Steidel de Toledo. São Paulo: Paz e Terra, 2012.

JACKSON, J. Hampden. *Marx, Proudhon e o Socialismo Europeu*. Tradução de Waltensir Dutra. Rio de Janeiro: Zahar, 1963.

JUNG, Carl Gustav. *Psicologia e religião*. 6. ed. Tradução de Pe. Dom Mateus Ramalho Rocha. Petrópolis: Vozes, 1999.

_____. *Sincronicidade*. Tradução de Pe. Dom Mateus Ramalho Rocha. Petrópolis: Vozes, 1999.

_____. *Os arquétipos e o inconsciente coletivo*. Tradução Maria Luiza Appy, Dora Mariana R. Ferreira da Silva. 6. ed. Petrópolis: Vozes, 2008.

_____. *O eu e o inconsciente*. Tradução de Dora Ferreira da Silva. 21. ed. Petrópolis: Vozes, 2008.

KARNAL, Leandro; FERNANDES, Luiz Estevam. MORAIS, Marcus Vinicius. *História dos Estados Unidos*. Das origens ao século XXI. São Paulo: Contexto, 2007.

LOCKE, John. *Dois Tratados sobre o Governo Civil*. Tradução de Júlio Fischer. São Paulo: Martins Fontes, 2005.

MARX, Karl; ENGELS, Friedrich. *Manifesto do partido comunista*. Tradução de Sérgio Tellaroli. São Paulo: Penguin Companhia, 2012.

MELO, Lígia. *Direito à Moradia no Brasil*. Política urbana e acesso por meio da regularização fundiária. Belo Horizonte: Fórum, 2010.

MORE, Thomas. *Utopia*. Tradução de Jefferson Luiz Camargo; Marcelo Brandão Cipolla. São Paulo: Martins Fontes, 2009.

MORIN, Edgard. *Introdução ao Pensamento Complexo*. Tradução de Eliane Lisboa. 4. ed. Porto Alegre: Sulina, 2011.

PROUDHON, Pierre-Joseph. *A propriedade é um roubo e outros escritos anarquistas*. Tradução de Suely Bastos. São Paulo: L&PM, 1998.

_____. *Filosofia da Miséria*. Tradução de Antônio Geraldo da Silva e Ciro Mioranza. São Paulo: Escala, 2007. t. 1.

RODRIGUES, Gilberto de Castro. *Da Alma do Direito ou A Psicologia do Direito*. São Paulo: Letras Jurídicas, 2012.

ROUSSEAU, Jean-Jacques. *Discurso sobre a Origem e os Fundamentos da Desigualdade entre os Homens*. Tradução de Lourdes Santos Machado. São Paulo: Nova Cultural, 1999.

SANTOS, Boaventura de Souza. *Para uma Revolução Democrática da Justiça*. 3. ed. São Paulo: Cortez, 2010.

SOUZA, Sérgio Iglesias Nunes. *Direito à Moradia e de Habitação*. 2. ed. São Paulo: Revista dos Tribunais, 2009.

TOLSTÓI, Liev. *Kholstomér*. In: ____. *O Diabo e outras histórias*. Trad. Beatrriz Morabito *et al.* São Paulo: Cosac & Naify, 2003.

VERÍSSIMO, Luis Fernando. *Provocações*. Entre outros. Disponível em: <www.cecac.org.br>. Acesso em: 2014.

VOVELLE, Michel. *A Revolução Francesa – 1789-1799*. Tradução de Mariana Echalar. São Paulo: Unesp, 2012.

WEBER, Max. *A Ética Protestante e o "Espírito" do Capitalismo*. Tradução de José Marcos Mariani de Macedo. São Paulo: Companhia das Letras, 2004.

EPÍLOGO

Em *Grande sertão: veredas*, de João Guimarães Rosa, o narrador Riobaldo diz que o sertão é o mundo. Essa imagem, ao mesmo tempo em que expressa a vastidão do espaço desafiador à volta do protagonista, indicando sua complexidade e diversidade, também representa a relação entre um sujeito singular e o espaço: o território em que vive é o seu mundo particular, isto é, é o contexto em que à sua existência pode ser atribuído um sentido. Riobaldo, em grande parte do livro, como jagunço, não tem moradia fixada. Sua vida é a guerra, e sua sobrevivência depende de seus companheiros.

O sertão, que às vezes se mostra acolhedor em sua natureza, por vezes é um ambiente hostil, ameaçador e leal. Nessa vida como travessia, em que a origem é duvidosa e o final indeterminado, é o movimento pelo espaço que estimula e corrói, que constrói e aniquila.

Este livro de Luis Manuel Fonseca Pires, *Moradia e propriedade – um breve ensaio sobre conflitos humanos*, constitui uma travessia, em que fronteiras constantemente são postas em questão. As fronteiras da propriedade, do espaço público e das capacidades de interação humana. Também as fronteiras disciplinares cedem perante a força do raciocínio. Como raras vezes acontece em uma área como o Direito, este livro foi escrito para ser de fato lido, do início ao final, e não apenas eventualmente consultado. Ele vai acolher leitores de diversas formações e expectativas, em sua singularidade.

As reflexões do autor sobre moradia e propriedade envolvem tópicos desafiadores. Entre eles, estão: as origens das relações entre seres humanos e terras; a disputa por propriedade; os processos de urbanização e acumulação de capital; a imagem da terra prometida e a esperança; as tensões entre espaço público e propriedade privada; o impacto dos empreendimentos imobiliários e de empreiteiras; e as relações entre linguagem e conhecimento.

Para lidar com matérias tão exigentes, o autor recorre a pensadores e escritores, em um percurso que inclui Thomas Morus, Descartes, Rousseau, Engels, Jung e Eric Hobsbawm, entre outros. Esse percurso expõe como o pesquisador é um leitor dedicado, capaz de se interessar por diversas formas de escrita com entusiasmo. Em diálogo com essa diversidade de leituras, o autor elaborou um trabalho inovador.

O livro confronta as dificuldades sociais de estabelecer condições para uma distribuição de terras que constituísse uma expressão da justiça. Ao reconhecer, em diversos momentos históricos e contextos políticos, os impasses resultantes dessas dificuldades, o autor elabora, de modo brilhante, um mapeamento de perdas humanas. Causa perplexidade a rede de similitudes e tensões entre os elementos apresentados. Em um mapeamento inteiramente original, que resulta de uma concentração dedicada, o autor produz um efeito duplo. Por um lado, com sua lucidez e clareza, expõe impasses que, muitas vezes, são difíceis de verbalizar, a respeito de limitações humanas. Por outro, com interrogações e questionamentos, coloca em dúvida nossas percepções habituais de conflitos humanos. Quando enuncia "Por que querer *pertencer* a alguém, a quem *tem* a terra e igualmente por isto pode *ter* pessoas?", Luis Manuel Fonseca Pires posiciona o lugar a partir do qual fala. Trata-se de uma posição inconformada diante do acúmulo de horrores e ruínas no passado histórico, que indaga como seres humanos – autoritários, tiranos, gananciosos – podem reduzir o outro a nada, a mercadoria, ao não humano. A nada.

Ao constituir uma série de imagens de antagonismos, em um percurso que parte da origem da disputa de terra até o presente, Pires sugere a necessidade de compreensão da história do direito em uma perspectiva pautada pela comparação entre diferentes contextos temporais. O leitor é motivado, capítulo após capítulo, a repensar seus pontos de vista convencionais. O acúmulo de momentos de antagonismo indica, para lembrar Walter Benjamin, uma história da humanidade como catástrofe, em que se acumulam ruínas sobre ruínas. A comparação entre momentos do tempo resulta em uma percepção de uma negatividade constitutiva da história. Nos vários períodos focalizados, é evidenciada a inabilidade dos seres humanos para abordarem, de modo gregário e equilibrado, o problema da moradia.

Em tempos em que muitos assuntos relevantes são pesquisados academicamente através de metodologias quantitativas, Pires consegue argumentar em favor de suas posições de maneira diferenciada. Sua escolha é caracterizada pela empatia com o sofrimento humano. Quando apresenta dados, eles são selecionados a partir dessa empatia. Agindo como um pensador ético, o autor desenvolve a produção de conhecimento sem deixar de lado sua indignação diante de problemas sociais e históricos. Pires é, de modo honesto e convicto, um intelectual inconformado, leal às tradições do pensamento moderno voltadas para a crítica de dogmatismos e autoritarismos.

É em suas leituras de textos literários que o autor encontra as maneiras mais inovadoras de discutir questões históricas e sociais. O ponto alto do livro, a meu ver, é sua reflexão sobre um texto de Luís Fernando Veríssimo, em que a perspicácia do cronista gaúcho é valorizada com justiça. Essa reflexão é também a parte em que a empatia se expressa com mais clareza. Embora Pires aborde *Provocações* com entusiasmo, seu discurso incorpora traços de um desespero, próximo das formas de impasse vividas por personagens de Steinbeck.

Em termos filosóficos, o livro se caracteriza por um movimento rigorosamente contrário às ideias de Hegel. Pires discute diversas situações de antagonismo social. Sua reflexão não produz, nem quer produzir, um efeito totalizador, isto é, ela não quer chegar a conclusões definitivas ou absolutas. É um trabalho predominantemente questionador, como mostram as diversas frases construídas com pontos de interrogação.

Se um grupo de seres humanos tem propriedade, e com isso define as condições de moradia para si e para outros, isso configura uma hierarquia de valor, que diferencia direitos de acesso à habitação. Historicamente, no Brasil, a distribuição de terras esteve associada à força de coerção. No período colonial e nos latifúndios escravistas, a diferença entre quem podia ter uma propriedade para morar e quem não podia era estabelecida, em muitos casos, por ameaça de morte. Leis foram criadas para proteger os direitos de proprietários.

O processo histórico não admitiu uma crítica orgânica das heranças territoriais associadas à violência social, à intimidação e ao medo. Com a ascensão do mercado, a desigualdade de oportunidades, historicamente consolidada, chegou a mecanismos de regulação de acesso à terra e à moradia, que excluem, por princípio, as pessoas cujas origens familiares não tenham detenção de riqueza e patrimônio. Quem nasce em uma família desfavorecida, pode ter que pagar aluguel a vida toda, ou integrar movimentos sociais de luta por direito à terra e à moradia.

A culpa dessa situação horrenda não é apenas dos ricos, que podem dispor de espaços muito maiores do que necessitariam para uma qualidade de vida. Ela é também da classe política, por ser, historicamente, corporativa, passível de corrupção, e interessada em alianças com elites econômicas.

No estudo de leis, em que a injustiça e a desigualdade se materializa, os antagonismos sociais não resolvidos se materializam. Este livro, nesse sentido, é também um livro forte em crítica social e expõe um quadro de problemas da sociedade brasileira (e de outras sociedades) que exige mudanças a curto e longo prazo.

O livro dramatiza, de modo bem realizado, o impacto sensível da dificuldade, em situações extremas, de segmentos sociais conseguirem condições para morar. Como exilados no próprio país, muitos brasileiros permanecem ao longo da vida sem condições econômicas de habitar uma moradia por um tempo de longa duração.

Cabe destacar a citação de um documento atribuído ao Juiz Luis Fernando de Barros Vidal, em que o direito é comentado através de versos de Ismael Silva. A escolha de Vidal humaniza o problema. Com certeza, as referências a Machado de Assis, Tolstoi e Luís Fernando Veríssimo contribuem para reflexões sobre a justiça pautadas pela sensibilidade com o outro. Os comentários sobre literatura representam mediações éticas entre a sensibilidade com relação a indivíduos particulares e o conhecimento erudito e rigoroso de legislações.

É plenamente justificado, nesse sentido, que o livro termine com uma reflexão sobre violência. O posicionamento ético de Pires é caracterizado por uma crítica da violência, em suas diversas formas. Em *Moradia e propriedade – um breve ensaio sobre conflitos humanos*, a reflexão sobre dignidade humana é muito mais do que o interesse por um tópico acadêmico. O livro mostra uma crença na força da linguagem. Crítico da violência, o autor convida seus leitores a observar, de vários modos, como textos podem ser capazes de abrir horizontes, superar limitações e formular desafios. O autor sabe que esse convite independe de classificações de gênero textual. Ao demonstrar a atualidade de um texto de Machado de Assis e a exemplaridade de uma estória de Tolstoi, o livro concretiza um ideal para um espaço público democrático e justo – a valorização da palavra como condição de conhecimento e lucidez.

O livro de Luis Manuel Fonseca Pires é uma contribuição para os estudos da área de Direito, capaz de abrir horizontes de reflexão motivadores. De modo mais amplo, ele é também uma obra bem escrita, perspicaz e criativa, pautada pela ética profissional e pela consciência social. Em um ano difícil, em que muitas mudanças ocorreram no Brasil, este livro é oportuno, ao conciliar um posicionamento crítico rigoroso e uma valorização da literatura. *Moradia e propriedade – um breve ensaio sobre conflitos humanos* pode despertar interesses em promover transformações no direito brasileiro. Lembrando os títulos de alguns capítulos, pode também motivar a ler, e ler mais, seja ao longo de um caminho, por uma nostalgia, ou em lugar nenhum.

Jaime Ginzburg
Professor de Literatura Brasileira, Literatura Comparada e Teoria Literária da Universidade de São Paulo.

Esta obra foi composta em fonte Palatino Linotype, corpo
10 e impressa em papel Offset 75g (miolo) e Supremo
250g (capa) pela Gráfica e Editora O Lutador.
Belo Horizonte/MG, junho de 2015.